ちくま学芸文庫

初学者のための 中国古典文献入門

坂出祥伸

筑摩書房

本書をコピー、スキャニング等の方法により無許諾で複製することは、法令に規定された場合を除いて禁止されています。請負業者等の第三者によるデジタル化は一切認められていませんので、ご注意ください。

本書の読者のために

　本書は中国文学・中国哲学・中国史などのいわゆる中国学を学ぼうとする学生・院生あるいは図書館で漢籍・中国書の分類を扱っている館員などを念頭においているのであり、いわば入門者のために編集したのである。したがって中国学や書誌学の専門家が読めば物足りないと思われるであろう。その点については平にご寛恕(かんじょ)いただきたい。

　ここで中国学という場合、伝統的な哲・史・文の3分野のほかに、中国の宗教（仏教・道教など）、美術・建築・医薬学（さらに広くは科学技術）をも加えておきたい。これらの分野を学び研究しようとすれば、どうしても中国古典（いわゆる漢文）を読まなければならない。それは中学や高校で学んだ「漢文」とは大いに径庭(けいてい)がある。句読点さえない「白文」つまり原資料を読むのである。その際に知っておいた方がよい知識は山ほどあろうが、本書には、そのなかのほんの一部を紹介しているにすぎない。

　目次を一瞥(いちべつ)していただければ、すぐにお気づきになるであろうが、反切だの、偽書だの、版本だの、避諱(ひき)改字だのと、およそ中国古典の入門書にはふさわしくないのではと思われそうな事項が、本書の内容となっている。中国古典・漢文を読むなら、文法的事項が必要なのではと、たいていのお方は思われるだろう。そのとおりである。しか

し、漢文訓読法の教育は誰でも教えているし、それ相応の入門書や教科書もある。ところが、本書が扱っているような事項は、せいぜい必要に応じて教えられるか、さもなければまったく教えられることがないと言ってよい。私自身が、大学では読解の訓練ばかりで、書誌学的事項さえも時間を割いて教えられたことがなかった。

京都大学ではかつて、内藤湖南博士とか倉石武四郎博士などの碩学が目録学の講義をされた時代があったが、その後は中国文学でも東洋史でも行われたとは聞いていない。少くとも私の在学中には目録学の講義はなかった。私の目録学的知識のほとんどは教壇に立って教えるようになってから、上記の両博士の著書や中国出版の目録学の研究成果などから学んで得たものである。

近年の大学図書館は漢籍もしくは中国古典籍を日本十進分類法 NDC によって分類し排架しているのが一般的であろう。こういう図書館では館員にとって中国の伝統的な分類法の知識は常時有用というわけにはならず、時おり知識として心得ておくという程度にとどまるであろう。また一方、漢籍もしくは中国古典籍を利用する学生・院生などにとっても、まずは、コンピュータの検索端末機で書籍の所蔵や排架番号を調べてから書庫内に入って、NDC の順序で排架された書架に向うのである。おそらく、最近の学生・院生はみな、このような探しかたをしているようである。とすれば、伝統的な目録学、図書分類の知識がどれほどの意味をもつのか、心もとない。こういう時代になって

いるからこそ、ある程度でも、こういう方面の知識を備えておいてほしいのである。

　版本については簡略にして、事項解説にとどめておいた。というのは、近年の中国書を利用する学生・院生は宋元版、明版はもちろんのこと、清版でさえ手にとって使うことは、ほとんどなくなっているからである。活字本か木版本の影印本（えいいん）を利用するのが一般的になっている。版本とか書物の体裁などの書誌学的知識がどれほど必要なのかよく分からなくなってきている。ただし、この方面は近年中国で洋装の「校注」本がしきりに出版されるようになり、その凡例や校注を読まなくてはならない。そこで、一歩進めて底本となっている版本や体裁などの書誌的事項を理解するのに、この方面の知識が必要になったと言えるのかもしれない。けれども、最近のIT革命の深刻な影響で、書物さえ持つ必要がなくなってきているようである。『文淵閣四庫全書』CD-ROM版はすでにポピュラーになっているし、これよりも進化しているのが、『中国基本古籍庫』ダウンロード版（使用されている底本が示されていないのが残念）であり、約1万種の古典籍が収録されていて、用例ならたちどころに検索できてしまう。要するに印刷されたBook形式の書物が次第に不要となりつつあるのだ。書誌学は無用の長物となってしまいそうである。

　反切の知識は、おそらく中国音韻学専門の教員のいる学科でなければきちんとした授業は行われないだろう。とはいうものの、漢文入門時に『論語』『大学』『中庸』などを

教材に使用すれば、それらには、漢語の発音が反切によって示されているから、教師としてはそれについて何らかの説明をしておかねばなるまい。「漢字の発音は漢和辞典を引けばわかるから反切に頼る必要はない」とか、「拼音記号のある現代の我々には不要な存在だ」とか。しかし、反切についての一応の説明は行っておくべきであろうし、漢和辞典に示される発音が複数あって決めがたい場合には反切の示す発音が有用なことがある。

本書には、入門者とか古典を専門としない人々が誤りを犯さないように、偽書とか避諱字についても解説しておいた。おそらく、中国の古典には極端な古人・古代崇拝の産物である偽書つまりニセモノがあること、文章の中に皇帝の諱を避けて別の字に代えるとか筆画数を減らされているという一種のタブーなどは、高校で漢文を学んだだけの知識には入っていないであろうし、こういう事項は大学の授業でも時間を割いて教えることは、ほとんどないであろう。

また、工具書や入門書の案内を加えたが、先人の研究成果は知っておく必要があり、自分がせっかく苦労して書いた論文が、実はすでに何年か前に同じテーマで公刊されていたのでは報われようがない。そういう事態を避けるためだけでなく、ある分野の研究水準は知っておく必要があろう。

繰り返しになるが、本書は筆者が大学の文学部、大学院で長年中国哲学の文献を読んだり、卒論、修士論文、博士

論文の指導をしていて気になっていたことがらを1冊にまとめてみたにすぎない。もう少しくわしく学びたい、二歩目に進みたいという諸氏は、どうか各篇の末尾に掲げた参考書を手がかりにして、二歩目を踏み出してください。

　まだまだ気づかない点、説き及んでいない点が多々あるだろうが、今はひとまず、これでしめくくりとしたい。読者の皆さんからのご指摘を待ちたい。

　　2008年3月

筆 者 識

目　　次

　本書の読者のために　iii

I　古典を読むために知っておきたいこと ────── 3

　一．古典文献の体裁について
　　　──体裁により分類され、それぞれに呼称がある　5
　　1．文献内容の体裁　5
　　2．編纂上の形式　8
　　　(1)文書　(2)起居注・実録　(3)檔案　(4)総集　(5)別集　(6)類書　(7)叢書

　二．これだけは知っておきたい版本の知識　39
　　1．雕版の状況による区別　39
　　2．出版者による区別　42
　　　(1)官刻本　(2)私刻本
　　3．主な宋本　47
　　4．印刷の先後や色彩使用による区別　48
　　5．増補節略・批点・評注による区別　49
　　6．活字本　50
　　7．その他の印刷本　51
　　8．その他の呼称　52

　三．古典のなかには偽書もある　54
　　　『列仙伝』『周礼』『葬書』『龍城録』　弁偽考証書目

　四．文中で皇帝の諱（いみな）などを避け文字を改める
　　　習慣がある　78

ix

(1)改字の例 (2)避諱して空字（空格）にする例 (3)避諱欠筆の例 (4)避諱改音の例 (5)避諱改姓 (6)避諱改名 (7)諱を避けて官を辞した例 (8)避諱して官名を改めた例 (9)避諱して地名を改めた例 (10)避諱により干支の名を改めた例 (11)避諱して経伝の文を改めた例 (12)避諱により常用語を改めた例 (13)清初の書籍で「胡」「虜」「夷」「狄」を避けた例 (14)その他の注意事項

 五. 文中に反切などの発音表記がある　　97
　　反切／直音

Ⅱ　古典の分類はどのように展開したか
　　── 目録学の初歩 ──────────── 109

 1. 図書の分類の始まり　　111
 2. 魏晋南北朝時代の図書分類　　118
 3. 隋時代の図書分類　　124
 4. 唐時代の図書目録　　128
　　（附）『日本国見在書目録』　　133
 5. 宋時代の図書目録　　134
 6. 元明時代の図書分類　　154
　　(1)『秘書監志』と『宋史』芸文志 (2)『文献通考』「経籍考」(3)明代の書目『文淵閣書目』『内閣蔵書目録』(4)焦竑『国史経籍志』6巻 (5)明代の私家の蔵書目録
 7. 清代の図書分類　　174
　　(1)『明史』芸文志の分類 (2)『四庫全書』『四庫全書総目』『四庫全書簡明目録』(3)正史芸文志の補志・補注と考証
 8. 清末より民国時期にいたる図書分類　　191

　　　　(1)漢訳西書の出現とその分類法　(2)デューイ十進分類法の輸入
　　9. 現代中国の図書分類法　205
　　　　(1)『中国人民大学図書館図書分類法』(2)『中小型図書館図書分類表草案』(3)『中国科学院図書館図書分類法』(4)『武漢大学図書分類法』(5)『中国図書館図書分類法』
　(附) ヨーロッパの図書館収蔵漢籍の目録　214

Ⅲ　中国古典をより深く理解するために
　　　――工具書・入門書を利用しよう―――――――― 225
　　　(1)漢籍目録 (2)研究水準・邦訳 (3)辞書・字書 (4)分野別事典・辞典 (5)地名辞典・歴史地図・人名辞典 (6)年表・年譜 (7)人名索引 (8)引得・索引 (9)会要・官制 (10)避諱字 (11)偽書考辨・経史考証 (12)度量衡 (13)国内での漢籍調査の方法

附編　日用類書について ――――――――――――― 255
　はじめに　257
　1. 「日用類書」の源流と性格　259
　2. 「日用類書」の盛行と印刷術の発達　270
　むすびに代えて――日用類書の利用価値　291

初出一覧（あとがきに代えて）　299
文庫版あとがき　301

初学者のための

中国古典文献入門

I

古典を読むために知っておきたいこと

一. 古典文献の体裁について
——体裁により分類され、それぞれに呼称がある

1. 文献内容の体裁

　文献は内容から分けると、著作、編述、抄纂（しょうさん）の3分類にできる。著作というのは、前人を受け継いだのではなく、個人の創作したものであり、「作」、つまり「述べて作らず」である。また、「著」「著作」とも称される。前人に依拠して書かれ、編集整理したものは、「述」あるいは「編述」である。次に、さまざまな資料を集め分類し排列したものは「纂」と呼ばれ、また「論纂」「抄纂」とも呼ばれる。

　清朝（しんちょう）の学者、焦循（しょうじゅん）は『雕菰集（ちょうこしゅう）』巻7「述難篇」でいう。

　　人未知而己先知、人未覚而己先覚、因以所先知覚者教人、俾人皆知之覚之、而天下之知覚自我始、是為作。己有知之覚之者、自我而損益之、或其意久而不明、有明者、用以教人、而作者之意復明、是之謂述。
　　（人の未（いま）だ知らずして己（おの）れ先に知る、人の未だ覚（さと）らずして己れ先に覚る、先に知り覚る所の者を以て人に教

え、人をして皆これを知らしめこれを覚らしむるに因りて、天下の知り覚ること我より始まる、是れを作と為す。己れこれを知りこれを覚る者有りて、我よりこれを損益し、或いは其の意久しくして明らかならず、これを明らかにする者有り、用いて以て人に教えて、作者の意復た明らかなり、是れ之を述と謂う。）

　ここには「作」と「述」の区別が明快に説明されている。
　『礼記』「楽記」には、

　　作者之謂聖、述者之謂明。（作る者之を聖と謂い、述ぶる者之を明と謂う。）

とある。また、『史記』「太史公自序」には、

　　余所謂述故事、整斉其世事、非所謂作也。（余の所謂故事を述べ、其の世事を整斉するは、所謂作に非ざるなり。）

とあり、後漢の王充『論衡』「対作篇」にも、

　　或曰、聖人作、賢者述。以賢而作者、非也。論衡政務、可謂作者。曰非作也、亦非述也、論也。論者、述之次也。五経之興、可謂作矣。太史公書・劉子政序・

班叔皮伝、可謂述矣。桓君山新論・鄒伯奇檢論、可謂論矣。今観論衡政務、桓鄒之二論也、非所謂作也。造端更為、前始未有、若蒼頡作書、奚仲作車、是也。易言伏羲作八卦、前是未有八卦、伏羲造之、故曰作也。
（或るひと曰く、聖人は作り、賢者は述ぶ。賢を以てして作るとは、非なり。『論衡』『政務』は、作と謂うべき者なり、と。曰く、作に非ざるなり、亦た述に非ざるなり、論なり。論は、述の次なり。五経の興る、作と謂う可し。太史公書・劉子政の序、班叔皮の伝は、述と謂う可し。桓君山の新論、鄒伯奇の檢論は、論と謂う可し。今『論衡』『政務』、桓・鄒の二論を観るや、所謂作に非ざるなり。端を造し為を更め、前始にいまだ有らざること、蒼頡の書を作る、奚仲の車を作るが若き、是れなり。易に伏羲八卦を作ると言うは、是れより前いまだ八卦有らず、伏羲之を造る、故に作と曰うなり。）

とあるが、ここで王充は古来の書物を内容から分けて「作」「述」「論」の3類に分けている。

2. 編纂上の形式

(1) 文書

古代の盟約、公文、契約、書札、案牘(あんとく)などである。

侯馬盟書(こうばめいしょ)

春秋後期、晋の定公 15 年から 23 年（前 497～前 489）、晋の世卿趙鞅(せいけいちょうあん)が卿大夫との間で盟誓した 5000 件余りの文書で、1965 年に山西侯馬の晋城遺跡から出土した。圭の形の玉石の上に毛筆で書かれ、文字は多くは朱紅色であり、一部は黒色である。字体は春秋後期の銅器の銘文に近い。その写真と釈文を収めた山西省文物工作委員会編『侯馬盟書』（北京・文物出版社、1967 年）が出ている。

吐魯番文書(トルファン)

新疆(しんきょう)ウイグル自治区トルファン古墓から出土した東晋時代から元時代（4～14 世紀）までの紙に書かれた写本文書である。主要なものは、漢文であり、他に、ソグド文字、ウイグル文字、トルコ文字、チベット文字で書かれている。19 世紀末に、ロシア、イギリス、ドイツ、日本の学者が調査し収集した。内容は、公府の文書（詔勅、律文、籍帳や軍政機構の文牒など）、私人の文書（一般人や寺観の衣物疏、功徳疏、契券、遺嘱文、信牘など）、古書籍（儒教の経典、史書、詩文、啓蒙的な読み物など）、仏教の経論、道教

の符籙(おふだ)・斎醮の文章や経文である。トルフアン文書は次に取りあげる敦煌文書より早く、そのなかでは唐代の公私の文書が最も多く、この時期の政治、経済、文化を研究する生の資料となっている。

敦煌文書

甘粛の敦煌県莫高窟から出土した5世紀から11世紀にわたる多くの古写本。1900年、道士王円籙が莫高窟の第17洞と呼ばれる仏洞の側室の中から3~4万巻にのぼる古写本を発見した。そのうち漢文の写本は3万件以上、別に少量の刻印本があった。多くは巻軸形式であり、写本の題款には紀年のあるものが1000件近くある。年代の最も早いのは西涼・建初元年(405)であり、最も遅いのは北宋・咸平5年(1002)である。漢文の写本の7、8割は中唐から宋初までに書かれたものであり、敦煌漢文写本の95%は仏典で占められており、経、律、論、疏釈、賛文、発願文、懺悔文などである。非仏典文書は5%であり、経、史、子、集の4部にわたっていて、中には佚書もある。敦煌文書は1907年、スタインがその3分の1を入手して帰り、英国博物館と英国旧インド省図書館に蔵せられた。今はすべて英国図書館に保存されている。1908年、フランスのペリオが残りの3分の1を持ち帰り、パリ国立図書館に入った。さらにその残りは日本の大谷探検隊が収集して旅順博物館に入ったが、一部が龍谷大学に移管されている。また、その後、北京政府が収集して、それは今、中国国家図書館(旧北京図書館)に収められている。その

他にロシアのサンクトペテルブルク、ドイツのバイエルンの図書館にも所蔵されていると聞くが詳細は分からない。

　黄英武主編『敦煌宝蔵』140冊（台湾・新文豊出版公司、1981～84年）は、スタインとペリオ収集の文書の写真版であり、これには索引として釈禅叡編『《敦煌宝蔵》遺書索引』（台湾・法教文化、1996年）がある。ただし、『敦煌宝蔵』の写真が不鮮明なことにより利用者は嘆いていたが、近年、敦煌文書の再撮影が行われ、スタイン収集本は、中国社会科学院歴史研究所ほか合編『英蔵敦煌文献（漢文仏教以外部分）』14冊（四川人民出版社、1990～95年）として、またペリオ収集本は、法国国家図書館編『法国国家図書館蔵敦煌西域文献』34冊（上海古籍出版社、1994～95年）として出版され、従来の不満はほぼ解消された。

徽州文書

　明代安徽・徽州の文書で、官府の文書や民間の契約書などを含んでいる。明代の徽州商人は大きな勢力をもっていたので、徽州は経済だけでなく文化的にも発達していた。当時の文書や契約が今日まで保存されていて、安徽商人の活躍ぶりを伝えている。文書は安徽、北京、南京、天津の図書館に収蔵されていて、近年その整理されたものが資料集として出版された（中国社会科学院歴史研究所編『徽州千年契約文書前編・後編』40冊、石家荘・花山文芸出版社、1991年）。そのなかには魚鱗図冊（租税賦課の台帳）、田土文書契約、租田契約、売身約、試題、書簡、宗譜などが含まれている。

(2) 起居注・実録

 皇帝の日々の起居を近侍の官が記録した日記体の文書を起居注という。かなり古くから行われていたと思われるが、記載としては後漢の明徳皇后撰「明帝起居注」(『文選(ぜん)』巻14「藉白馬賦(しゃくはくばふ)」李善注)が初見である。汲家(きゅうちょう)出土の『穆天子伝(ぼくてんしでん)』も起居注に形式的に似ているという説もある。しかし、現存しているのは、明末の神宗・光宗・熹宗のものと古制を復活させた清朝のすべての皇帝のものである。

 この起居注を主材料とし、さらにその他の官文書を加えて編年体に撰修したものが実録であり、正史の主な材源となっている。伝存しているのは、明清2朝のもののみである。

(3) 檔案(とうあん)(官庁の案文書)

 古くは甲骨、金石、縑帛(けんぱく)に記載され、紙の発明以後は、紙に記載された。甲骨に刻された卜辞(ぼくじ)も檔案の一種であり、周代の銅器に刻された銘文には、冊命、賞賜、志功、征伐、訴訟などの記述もあって同様である。1975年、湖北・雲夢睡虎地(うんぼうすいこち)出土の秦簡には秦代の法律の原文や解釈したものがあるが、それらは秦の檔案である。現在、多く残っているのは、明清時代の檔案(奏摺(さつめい)を含む)であり、中国第一歴史檔案館には、およそ1000万件(冊)余りが保管されているという。そのうちわけは、明朝のものは少な

くて清朝のものが大部分である。王朝の中央機関と地方機関との間の文書のやりとり、宮廷内事務機構、軍事機構などの檔案である。近年、台北の中央研究院歴史語言研究所から『明清檔案』324 冊（民国 75 年、1986 年、聯経出版）が刊行された。すべて影印(えいいん)である。

(4) 総集

多くの人の詩文を集めて一書としたものを総集と称し、個人の詩文集を別集と称するのに対して言われる。四部分類の集部の第一は「楚辞(そじ)」、第二は「別集」、第三が「総集」である。総集の最初に置かれるのは、『文選(もんぜん)』であるが、しかし、歴史的には『文選』より早いのは晋の摯虞(しぐ)の『文章流別論』であろう。

『晋書』巻 51 摯虞伝に、「撰古文章、類聚区分為三十巻、名曰流別集、各為之論、辞理惬当、為世所重」（古(いにしえ)の文章を撰し、類聚区分して三十巻と為し、名づけて流別集と曰う、各おの之が論を為し、辞理惬(かな)い当り、世の重んずる所と為る）とあり、この『流別集』が『文章流別志論』と後に呼ばれているもので、今は佚文しか残されていないが、頌(しょう)、賦、詩、七（枚乗(ばいじょう)の七発、曹植の七啓など問答体の韻文）、箴(しん)、銘など 11 種の文体について論じられていたという。その他に、李充『翰林(かんりん)集』、劉義慶『集林(しゅうりん)』が早い時期の総集であるが、今は亡佚している。『隋書』経籍志によれば、総集は晋から陳、隋までに 249 部 5224 巻あったという。総集はおおよそ 2 類に分けられる。すなわち、

一つは一時代の全集であり、他は選本である。四部分類では「各代」の中にこの2類が含まれている。各代には撰者名不詳『古文苑』、『漢魏六朝一百三家集』(明・張溥)、『全上古三代秦漢三国六朝文』(清・厳可均)、『全漢三国南北朝詩』(民国・丁福保)、『全唐詩』(清・彭定求等奉勅撰)、『全唐文』(清・董誥等奉勅撰)などがある。

(5) 別集

別集は詩文や書牘などが主なものであるが、論説、奏議、序跋、書信、語録、伝記などをも含む。白居易の詩文や書、上書などを集めた『白氏長慶集』、蘇軾の詩文や書などを集めた『東坡七集』『帰震川大全集』『呉梅村家蔵稿』などは、みな別集である。

(6) 類書

古籍の中の典故、名物制度、詩賦文章などを類別したり、あるいは音韻により排列して検索の用に供する書を「類書」と称する。

『四庫全書総目』類書類小序に、「類事之書、雖兼収四部、而実非経、非史、非子、非集、四部之内、乃無何類可帰」(事を類するの書は、四部を兼ね収むと雖も、実に経に非ず、史に非ず、子に非ず、集に非ず、四部の内、乃ち何の類の帰す可き無し)と論じられているように、記述内容が経史子集の四部全体に及んでいるために分類しがたい。そこで「類書」という分類名が立てられたのである。

類書は、今日の十進分類法（NDC）では百科事典と同じものとして分類されているが、実は性質が異なる。まず、門類に分けられている。次は事項の解説はなくて用例、事例ばかりである。この点で現在の百科事典とは性質が異なる。

　中国の分類の起源についていうと、『尚書』禹貢篇に九州の地理とそれぞれの産物が記載されている。『爾雅』では釈詁、釈言、釈訓、釈親、釈宮、釈器など19種に分類されている。『呂氏春秋』十二紀篇は『月令』から、「至味篇」は伊尹の書から、「当染篇」は墨子の書から、「上農篇」「任地篇」「辯士篇」「宙時篇」の4篇は后稷の言から、それぞれ取ったもので、そこでこれを類書の始まりとする説がある（清・馬国翰『玉函山房文集』巻3）。『史記』には「八書」があり、礼、楽、律、暦、天官、封禅、河渠、平準となっているのも一種の分類である。

　しかし、検索の用に供するための類書は魏・文帝（曹丕）が臣下に命じて編纂させた『皇覧』が最初である。黄初元年（220）に始まり数年で成った。40部門余り、1000巻あったという。孫馮翼『問経堂叢書』に輯佚文1巻が収められている。

　『三国志』魏書・文帝紀に、「帝好文学、以著述為務、自所勒成、垂百篇。又使諸儒撰集経伝、随類相従、凡千余篇、号曰皇覧」（帝文学を好み、著述を以て務めと為し、自ら勒成する所、百篇に垂んなんとす。又た諸儒をして経伝を撰集し、類に随い相従わせしめ、凡そ千余篇、号して

014　Ⅰ　古典を読むために知っておきたいこと

皇覧と曰う）とある。

その後、梁の武帝の命で編纂された劉杳の『壽光書苑』、武帝の弟、安成王秀の命を受けて劉峻（『世説新語』で有名な劉義慶）が編纂した『類苑』、さらに武帝が徐勉らに命じて編纂させた『華林遍略』620巻が続き、これは唐代の類書『芸文類聚』などの藍本となり、また、北斉では祖珽等撰『修文殿御覧』360巻が著されたが、やはり『華林遍略』を藍本としたという。いずれも亡佚したが、後者は1908年、敦煌莫高窟でその残巻がペリオによって発見され、今は羅振玉の『羅雪堂先生全集』四編「鳴沙石室佚書」（修文殿御覧残巻）に影印の佚文が収められている。これらは、いずれも皇帝王侯の供覧のためのものである。

その他、六朝の成書と推測されていて、我が国に伝存する撰人不明の『珮玉集』があり、全15巻の巻12、14のみが名古屋の真福寺で発見された。この類書の名は『日本国見在書目』にも見えており、奈良朝末から平安朝末までの文人が詩文を作るのに重宝していたらしい。

『珮玉集』の研究についての概略は柳瀬喜代志・矢作武『珮玉集注釈』解説を参照されたい。

『隋書』経籍志によると、類書は『皇覧』から『北堂書鈔』に至るまで11家2012巻が数えられるが、その他に、史書などの記載によると、南斉には東観学士奉勅撰『史林』30巻（『南斉書』）、蕭子良集学士撰『四部要略』1000巻（『南斉書』）、陸罩『法宝聯璧』300巻（『梁書』）、陶弘景『学苑』100巻（『南史』）、梁には張纘『鴻宝』100巻（『梁

書』『南史』)があった。

　隋王朝はわずか3代36年ばかりの短命であったが、『隋書』経籍志には、『長洲玉鏡』『書鈔』(『北堂書鈔』)が著録されている。『長洲玉鏡』は撰者名が記載されていないが、杜宝『大業雑記』によって煬帝が虞綽、柳顧言、虞世南、庾自直、王曹らに命じて撰せしめたことがわかる。その他に杜公瞻が勅を奉じて撰した『編珠』があり、これは『隋志』には著録されていないが、その第1、第2巻が現存していて、『四庫全書』に収録されている。しかし、提要の筆者は後の輯本の編者である清の高士奇による偽撰であるかのような記述をしている。そこで余嘉錫は詳細に考証して、隋の杜公瞻の撰であることを明らかにしている(『四庫提要弁証』巻16)。『編珠』は、宋代の『通志』芸文略・類書類に初めて「『編珠』五巻、隋・杜公瞻撰」と著録されているが、伝本が少なくてほとんど亡逸していたのを清の高士奇が宮中の内庫で発見し、杜氏の原書2巻に高氏の補充4巻を加えて刊行した。また、諸葛穎『玄門宝海』120巻が『旧唐書』経籍志に著録されているが、諸葛穎の伝は『北史』文苑伝に見えていて、隋末に亡くなっているので、彼が隋代に編纂したことが推測できる。『北堂書鈔』は、虞世南が唐初に仕えていたので唐代として扱う。

　唐代になると、『新唐書』芸文志・類書類によると、類書の数は17家42部7288巻にのぼっている。その他に姓名の分からなくなったものが3家、著録されていないもの

が31家1238巻ある。おおよそは官修である。

唐・太宗の貞観5年（631）魏徴、虞世南らが『群書治要』50巻を撰し、また虞世南は『兎園策』10巻をも著している。太宗の貞観15年、高士廉、魏徴らに命じて『文思博要』36巻を撰せしめた。龍朔元年（661）、許敬宗らは『累璧』400巻（『唐会要』では630巻）を高宗に献上した。また、許敬宗は高宗の命により『揺山玉彩』500巻を撰し、王勃は『平台秘略』を撰した。則天武后の時には、周思茂らが『玄覧』100巻、李嶠、沈佺期、劉知幾ら26名が『三教珠英』1300巻を撰した。これは玄宗の時、『海内珠英』と改められた。張楚金撰『翰苑』30巻は我が国の博多太宰府天満宮で巻30のみの残巻が発見されたことで知られている。今は、政書である『群書治要』を除いて皆亡佚している。

そこでまず、「唐代四大類書」*と称せられる『北堂書鈔』**『芸文類聚』『初学記』『白氏六帖事類集』から説明を始めよう。

隋の秘書郎虞世南（後、唐に仕え弘文館学士に任ぜられる）が『北堂書鈔』174巻80門801類を撰したが、これは勅命によるものではなくて、彼個人がその必要にもとづいて編纂したものである。今本は160巻19部851類である。おそらく残欠があると思われるが、南宋・張攀の『中興館閣書目』、元の『宋史』芸文志以来、今本と同じである。唐初には、高祖の勅命により欧陽詢らが『芸文類聚』100巻46門727類を編纂した。玄宗の開元10年（722）、徐堅

017

らが『初学記』30巻23門313類を撰した。これは事対と詩文とを併せている。

中唐の詩人・白居易（772〜846年）が撰したとされる『白氏六帖（りくじょう）』という類書は、今日『白氏六帖事類集』『白孔六帖（はっこう）』などの書名で伝わっている。この書は、伝説によると、白居易が何千かの陶罐（とうかん）にそれぞれ門名を書き付けたものを、7階の棚に置いておき、学生たちに故事を採集させて区別してそれらの陶罐のなかに入れさせ、その後、陶罐から取り出して抄録して書物にしたという。この書は『新唐書』芸文志に「白氏経史事類三十巻白居易一名六帖」と著録されており、また『直斎書録解題』にも、「酔吟先生墓誌銘」に、「又事類集要三十部、合一千一百三十門、時人目為白氏六帖、行於世」（又た事類集要三十部、合して一千一百三十門、時人目して白氏六帖と為し、世に行わる）とあるのを引いて、これにあたると説いている。しかし、正史の伝には、何らの記載もないので果たして白居易の自撰かどうか疑わしいのであるが、『四庫全書総目』も疑っていないから、しばらく白居易の撰としておく。

さて、この『白氏六帖』は、くわしい経緯は省略するが、南宋に至って孔子の末裔（まつえい）・孔伝が、『白氏六帖』にならって『孔氏六帖』と称される類書を著した。その後、両者が合併されて刊行され、名も『唐宋白孔六帖』あるいは略して『白孔六帖』と称されるようになって今日に至っている。100巻あり、分門されず、1367類の子目が立てられ、白居易の原著には白抜きで【白】、孔伝の文にも同様

に【孔】と記されている。内容は唐以前の経伝百家の典故や詩文の佳句を集めているが、『芸文類聚』『初学記』には及ばない。双行の注については晁仲衍（晁公武の曾祖）が加えたとされる。

＊唐代四大類書は CD-ROM 版が出ている。
＊＊『北堂書鈔』は、「南海孔氏三十有三万巻堂校注重刊」本（光緒 14 年、1888 年）の影鈔本が民国 60 年（1971）、台湾・新興書局から 1 冊本で刊行され、同じ底本で 1974 年、京都・中文出版社からも出ている。その索引には、山田英雄編『北堂書鈔引書索引』（台湾・文海出版社、1975 年）がある。

『芸文類聚』は、明・嘉靖 6 年胡纘宗序蘇州刊小字本と 1959 年上海図書館新蔵の南宋・紹興年浙江刊本を比較校勘した標点校注の活字本が、1965 年、上海古籍出版社から 2 冊本として出され、その後、1982 年に李剣雄・劉徳権編『芸文類聚索引』（人名、書名）を附して重印された。中津濱渉『芸文類聚引書引得』（油印、1972 年）もある。

『初学記』は、通行している清・古香斎袖珍本を底本とする標点校注の活字本（3 冊）が 1962 年、北京・中華書局から出て、1982 年、その重印本が出ている。その索引には、中津濱渉編『初学記引書引得』（油印、1973 年）、許逸民編『初学記索引』（北京・中華書局、1980 年）があり、後者は書名、事項を併せている。また、民国 61 年（1972）、明・嘉靖 10 年（1531）刻本の影印が台湾・新興書局から出ている。

『白氏六帖事類集』30 巻の宋本影印本 2 冊が民国 58 年（1969）台湾・新興書局から出ている。なお、静嘉堂文庫所蔵北宋刊本の影印本が汲古書院から刊行されている。

『白氏六帖』は、今は『(唐宋)白孔六帖』の名で、明・嘉靖
　　壬午元年（1522）刊本の影印本2冊が民国65年（1976）、台
　　湾・新興書局から出ている。また、『文淵閣四庫全書』（台湾・
　　商務印書館影印）には『白孔六帖』の名で収められている。な
　　お、「酔吟先生墓誌銘」を収めている『文苑英華』巻30は、自
　　撰墓誌だとしている。

　宋代になると、四大類書と称せられる『太平御覧』『文
苑英華』『冊府元亀』『太平広記』が相次いで編纂され、み
な雕版印刷により流伝して今日に伝わっている。
　『太平御覧』55部5363類（附類を合わせると5426類）
1000巻は北宋・太宗の太平興国2年から8年（983）にか
けて6年9カ月をかけて編纂された。編者は巻首の題銜に
「李昉等奉勅纂」とあるように李昉をはじめ14名によって
編纂された。『御覧』の引用書は五代以前の2579種に及
び、今日では輯佚や校勘を行う場合の必須文献である。
『御覧』は完成後、ただちに刊刻されたであろうが、現在
見ることのできるのは南宋の蜀本、閩本が最も古い。我々
が用いているのは、『四部叢刊三編』所収のものであるが、
これは日本の帝室図書寮（宮内庁書陵部）・東福寺所蔵の宋
蜀刊本、静嘉堂所蔵の陸心源旧蔵北宋残本、喜多村直寛に
よる明影宋本にもとづく活字本を合わせたもので、これが
1935年、商務印書館から刊行されたのである。その後、
1960年、北京・中華書局から縮印本4冊が出され、また、
台湾・商務印書館からも民国57年（1968）7冊本として出

され、その後、民国64年（1975）にも台湾・平平出版社からも同じ底本を用いて出版されている。その索引としては哈仏燕京学社引得第2号『太平御覧引得』が1935年に出ていて、篇目引得と引書引得を合わせていて利用に便利である。

　『太平広記』500巻92類は北宋・李昉らが太宗の勅命を奉じて編纂したもので、太平興国3年（978）に完成し、同6年に刊行された。1959年、北京・人民文学出版社刊行の『太平広記』10冊は明の談愷抄本重刊本にもとづき、その他の版本を参照した排印本である。『太平広記』は漢晋から北宋初までの小説、筆記、野史などの書のなかの故事を内容によって92大類に分け、さらに150類余りの小類を附している。出処が注記されていて、引用されている書はおおよそ500種程度あり、そのなかの半数はすでに伝存しておらず、また伝存していても改竄や訛脱があって、『広記』の引用によって考証、校勘できる。このように『広記』は古小説の佚文を多く保存しているのであって、小説研究には必要不可欠の資料である。『広記』に集められている故事は神仙鬼怪、因果応報を語ったものが多い。各門類は1類1巻になっているもの、1類が2、3巻になっているものもあるが、そのうち神仙類は55巻、女仙類は15巻、神類は25巻、鬼類は40巻、妖怪類は9巻、報応類は33巻あって、他の門類に比べて非常に多い。こうした傾向は魏晋南北朝時代以後の志怪小説の隆盛の状況を反映している。書末に「雑伝記九巻」があって、これはす

べて唐人の伝奇である。

　なお、『広記』には後人が竄入(ざんにゅう)した文字や増加した故事があったり、100条余りには出処が注記されていないので、利用する場合には注意すべきである。索引には、1934年、哈仏燕京学社(ハーバード)から引得第15号として『太平広記篇目及引書引得』が出ていて、「篇目引得」「引書引得」に分かれている。また、周次吉『太平広記人名書名索引』(台湾・芸文印書館、1973年)および『太平広記索引』(北京・中華書局、1982年)もあって便利である。

　『文苑英華』1000巻は、太宗の太平興国7年(982)、李昉ら17人が勅命を奉じて梁末から唐までの詩文2万5000篇余り、2200名余りを編纂したものである。『文選』にならい、文体別に、詩、賦、雑文、表、檄(げき)、論など38類に分けられている。『四庫全書総目』での分類は類書ではなくて、集部総集類詩文之属に配されており、『玉台新詠』(ぎょくだいしんえい)の後に置かれている。中国国家図書館蔵宋刊本による影印本6冊が1960年、北京・中華書局から出ている。他に、台湾大学と台湾・国立中央図書館に蔵される明・隆慶刻本の影印本12冊附索引が民国54年(1965)、台湾・華文書局から出ている。

　『事類賦』30巻、北宋の呉淑(ごしゅく)の撰。この類書は個人で編んだものである。駢儷体(べんれいたい)の文を用いてつくられている。先に太宗に20巻を著して献呈したところ、注釈をつくるよう命ぜられ、小字双行の自注が加えられ、30巻に増広された。14部100目に分かれている。子目は以下のとおり

である。

　天部、12目。歳時部、4目。地部、10目。宝貨部、6目。楽部、5目。服用部、8目。什物部、7目。飲食部、2目。禽部、9目。獣部、9目。草木部、9目。果部、11目。鱗介部、4目。蟲部、4目。

　子目ごとに賦1首があり、子目はみな1字で合計100首ある。
　　＊明・嘉靖16年（1537）秦汴(しんべん)刊本を底本とする校刊本が標点、校注を施して『事類賦注』として北京・中華書局から1989年に出版された。

　『冊府元亀』1000巻は北宋・真宗の景徳2年（1005）から大中祥符6年（1013）にかけて、王欽若、楊億らが勅命を奉じて撰したものである。「冊府」は書冊の府庫の意であり、「元」は「大」の意であり、亀は未来を知るというので、「亀鑑」（未来を知る鑑）となる。1104部31門で、『御覧』と異なる点は、小説、雑書、家伝は採用せず、もっぱら経書、史書を引用していること、引用の書籍は出処が明記されていないこと、毎部の前に「総序」、各門の前に「小序」があることなどである。『冊府元亀』は史書を校勘するのに有用である。上古から五代まで17史にわたっており、北宋以前の古本が引用されている。例えば、『魏書』は宋の南渡以後、欠葉が生じたが、この書の引用

によって補うことができた。この書は大中祥符8年（1015）に版に附されているが、北宋版本は完全には残っていない。我々は1960年、北京・中華書局刊行の明崇禎刻本の影印本12冊を利用しているが、これには、巻首に総目、分冊目録があり、さらに最後の冊に「冊府元亀類目索引」があり、筆画順に排列されている。その後、1989年、北京・中華書局は主に静嘉堂所蔵陸心源旧蔵の宋版（南宋眉山刻本）の他、台湾・国立中央図書館所蔵宋版などを合わせて588巻を影印し、4冊本として出版した。なお2006年、南京・鳳凰出版社から1960年中華書局本を底本として校勘標点を施した繁体字活字本12冊が出版された。その第12冊には、人名索引が附録されている。

宋四大類書はCD-ROM版が出ている。

章如愚『群書考索』は別に『山堂羣書考索』とも、あるいは『山堂考索』とも称せられ、前集66巻、後集65巻、続集56巻、別集25巻に及ぶ大部の類書であり、章如愚が独力で撰した。「山堂」は彼が山堂先生と称されたのにもとづく。『群書考索』は、民国58年（1969）、台湾・新興書局から明・正徳3年（1508）建陽劉氏慎独斎刊16年改刊本による影印本8冊が出ている。また、1992年、北京・書目文献出版社から2冊本も出ている。

『玉海』200巻は南宋の王応麟の編であり、天文、律暦、地理、帝学、聖文、芸文、詔令、礼儀、車服、器用、郊祀、音楽、学校、選挙、官制、兵制、朝貢、宮室、食貨、兵捷、祥瑞の21部に分かれ、各部が子目に分かれていて、

合計240類余りある。後に『辞学指南』4巻が附せられている。この類書はもっぱら科挙の博学鴻詞科(はくがくこうし)に応ずるもののために編まれている。多く典章、制度に関する文献や吉祥に関する事柄が収められている。引用されている書は経史子集から伝記、雑書に至るまで幅が広い。書中の紀事は年代順に排列され、上は上古から宋代までである。「芸文部」の書目提要は唐代の類書『三教珠英』の主な内容まで説かれていて、宋代の史志にない記載である。

 *今、台湾・大化書局から『合璧本玉海(ごうへきほんぎょくかい)』8冊が民国66年(1977)に出ていて、これは方豪の序によると、京都・建仁寺所蔵、元・至正12年(1352)重刊本を底本として静嘉堂文庫所蔵元刊本により鈔補したものという。その後、1986年、京都・中文出版社がそのまま重印した。

　宋代の類書は以上の6種のみ解説したのであるが、『宋史』芸文志、『秘書省続編到四庫闕書目』などには多くの類書が著録されている。ここでは、そのなかから特に、日本に伝来して中国では亡佚した江少虞撰(こうしょうぐ)『皇朝類苑』36巻について若干言及しておきたい。この書は東洋文庫、静嘉堂文庫、陽明文庫に元和7年(1621)古活字版78巻が伝存しており、これと同じ版を民国期の日本留学生・董康(とうこう)が京都の古書店で見つけて帰国して重刻したという因縁がある。1977年、京都・中文出版社が董康本を一冊本として影印出版した。なお、『直斎書録解題』は「皇朝事実類苑　三十六巻」とし、『四庫全書総目』もこれを踏襲してい

るが、日本伝存本は「皇宋事宝類苑」につくり78巻である。同じ底本によって台湾・文海出版社が「宋史資料萃編」第3輯のなかに4冊本を出している。刊行年不明。さらに、1981年、上海古籍出版社が同じ董康刻本を底本として活字標点本1冊を出した。

　なお、宋代以降の類書で注意しておかなくてはならないことは、王侯貴族の作詩文の用に供するという伝統的な類書とは別に、士庶人の日常生活に有用な類書が登場してくるという点であり、例えば南宋末の謝維新『古今合璧事類備要』、陳元靚『事林広記』、元代の撰者不明『居家必用事類全集』などが代表的なものであり、これらは多くの場合、正統的な書目には著録されない。私はこのような類書を「日用類書」と称しているが、明代に入ると、この日用類書の刊行が隆盛を極めるようになる。こういう類書の登場は、宋代以来の印刷術の発達と密接に関係しており、別途に詳細な考察を要する問題なので、本書には「日用類書について」を附録したので参照されたい。

　次には明代であるが、この時代にも多くの類書が著されているが、印刷が大量にかつ比較的に安価に行えるようになった、とりわけ日用類書の方面で福建・建陽で盛んに出版されるのであるが、ここではこれ以上の言及を控える。そこで、正統的な主要な類書を考察したい。

　『永楽大典』は、実に規模の大きい類書である。永楽元年（1403）、成祖は解縉らに命じて編纂させ、翌年完成し

た。それは『文献大成』と称せられたが、成祖は、内容が簡略すぎるのに不満で、姚広解(ようこうかい)、解縉らに新たに編纂を命じ、永楽6年（1408）に完成し、『永楽大典』と改称された。2万2877巻、凡例と目録60巻、1万1095冊ある。編纂、抄写などに参加した儒臣、文士は2000人余り。収録された典籍は7000〜8000種。その範囲は経、史、子、集、釈蔵、道経、北劇、南戯、平話、医薬、工技、農芸などに至るまできわめて豊富である。完成当時は正本一部のみであって、刻本がなかったが、嘉靖、隆慶の頃に副本ができた。正本は明末にはほとんど亡失したが、副本は清の乾隆の頃には2400冊余り残っていた。光緒26年（1900）、義和団(わだん)事件の時、八国連合軍が北京を攻略した際に、その大部分が焼かれたり、奪われたりした。1960年、中華書局は、当時のソ連から返還された64冊、また当時のドイツ民主共和国（東ドイツ）から返還された3冊および中国国家図書館所蔵本、国内の収蔵家が献納したり、国外の公的機関から借用したもの730巻（20函202冊）を影印出版した。その後、中華書局は嘉靖鈔本などを入手して67巻に加えて、1986年、10冊の洋装本として出版した。欒貴明(らんきめい)編『永楽大典索引』（北京・作家出版社、1997年）がある。また、衣川強編『永楽大典索引』（白帝社、2007年）という一字索引が出て非常に便利になったが、これは1984年刊、北京・中華書局本を底本としている。さらに、2003年にも、上海辞書出版社がアメリカ、日本、イギリス、アイルランドなど海外に流出所蔵されている17巻を影印出

版した。

兪安期編の『唐類函』200巻は唐人の類書を重複を削除したり合併したりし、全部で43部に分け、おのおの子目が立てられている。資料は、『芸文類聚』を主としていて、各条は先に『芸文類聚』の材料を配し、次に『初学記』『北堂書鈔』『白氏六帖』から引用し、重複を削除し、後に関係する詩賦文章を附している。「歳時部」には唐・韓鄂の時令書『歳華紀麗』の記事からの引用があり、『芸文類聚』などに未収の文を補っている。本書は唐以前の典故詩文を調べるのに便利である。ただし、引用の誤りがあるので、もとの類書で調べ直しする必要がある。万暦31年（1603）刊。今では『四庫全書存目叢書』子部（台湾・荘厳文化事業、1995年）にも収められている。

陳耀文編の『天中記』60巻は陳氏が河南・汝南県の天中山の近くに住んでいたのに由来する書名である。内容は、乾坤・歳時・律暦・地理・帝王・都邑・人倫・身体・人事・職官・釈教・経伝・文房・技芸・礼楽・飲食・衣服・樹木・草花・蟲魚甲介・鳥・獣の22部に分けられている。収集の材料は非常に豊富であり、輯佚、補史、校史の証左としても役立つ。引用の資料にはすべて出処が示されている。民国53年（1964）、台湾・文海出版社影印本4冊（隆慶3年、1569年刊本による）がある。

彭大翼編の『山堂肆考』228巻は補遺12巻。万暦23年（1595）に成る。唐・趙燐の小説『因話録』の体裁にならい、宮・商・角・徴・羽の5集に分け、さらに45門に分

け、門もまた子目に分けられている。収集の材料は、臣職、親属から花、木、鳥獣、仏道などに至るまで、きわめて豊富であり、多くの歴史資料が保存されている。民国66年（1977）、台湾・芸文印書館刊の「類書薈編」所収25冊は石渠閣蔵版の影印本である。また、1992年、上海古籍出版社から5冊本が『四庫類書叢刊』に収められて出ている。

王圻編の『三才図会』106巻は図譜のある類書で、宋・唐仲友『帝王経世図譜』はその先例である。これは天文4巻、地理16巻、人物14巻、時令4巻、宮室4巻、器用12巻、身体7巻、衣服3巻、人事10巻、儀制8巻、珍宝2巻、文史4巻、鳥獣6巻、草木12巻から成る。万暦35年（1607）刊本の影印本6冊が民国59年（1970）、台湾・成文出版社から出ている。また明・万暦王思義校正本による影印本3冊が1985年、上海古籍出版社から出ている。

章潢編、岳元訂の『図書編』127巻は万暦41年（1613）の刊。図があるという点では『三才図会』と同様である。これにも同じ版本の影印本30冊が民国60年（1971）、台湾・成文出版社から出ている。

清代についても、主要な類書について解説することにする。

張英等奉勅撰の『淵鑑類函』450巻は康熙49年（1710）の刊。これは明・兪安期『唐類函』を増補したもの。『唐類函』の資料は唐以前のものであったが、これは元明以前

の文章で、分類し排列し、体例も『唐類函』『初学記』『芸文類聚』などと同じである。引用された資料には出処が示されているので、検索に便利である。台湾・新興書局から民国60年（1971）、康熙49年（1710）刻本の影印本12冊が出ている。

　蔣廷錫（しょうていしゃく）等奉勅撰の『古今図書集成』1万巻は雍正（ようせい）4年（1726）の刊。原名『匯編（かいへん）』。最初、誠郡王（胤祉（いんし））がその門客・陳夢来に命じて編纂させた。康熙40年（1701）に開始され、康熙45年に完成し、雍正4年、定稿ができた。しかし、朝廷内部の争いのために陳は迫害を受け、雍正帝即位後、改めて蔣廷錫らに命じて『匯編』にもとづいて「重加編修」され、胤祉、陳夢来の名は削られ、『古今図書集成』と名を改められた。しかし、実は大分類の「〜志」が「〜典」に改められたにすぎない。雍正4年、銅活字で64部が印刷された。全書1万巻、目録40巻。暦象、方輿、明倫、博物、理学、経済の6編、乾象、歳功、暦法から祥刑、考工など32典、6109部。各部には匯考、総論、図表、列伝、芸文、選句、紀事、雑録、外編などの項目がある。『古今図書集成』は現存の類書で規模が最も大きく、用途が最も広く、体例も最も完備した類書である。その引用にはいちいち出処が記され、書名、篇目、作者が明らかにされていて原書に当たるのに便利である。しかし、その門類の分けかたはあまり明確ではない。

　分量の多い書であるが、近年は洋装本が出版された。民国65年（1976）、台湾・鼎文書局影印本78冊、附「龍継

棟撰古今図書集成考証二十四巻」(第79冊)。第1冊に「簡目」があり、各部の名、例えば第48冊芸術典7(巻687～824)では、16術数部があり、さらに、「一、太乙」「二、奇門」「三、六壬」「術数部総論」「術数部名流列伝」「術数部芸文」「紀事」と出ている。その目次により、旧来の『古今図書集成分類目録』(文部省、明治45年発行、大正元年翻刻印刷、昭和16年謄写印刷)の不備を補うことができるようになった。1989年、台湾・学生書局から再版された。また今日ではそのDVD版(テキスト・画像)も出された。

参考書

鄧嗣禹『中国類書目録初稿』台湾・古亭書屋、1970年

荘芳栄『中国類書総目初稿』台湾・学生書局、1983年

張滌華『類書流別』商務印書館、1943年

四川省中心図書館委員会編『類書的沿革』四川省図書館学会、1981年

劉葉秋『類書簡説』上海古籍出版社、1980年

胡道静『中国古代的類書』北京・中華書局、1982年

柳瀬喜代志・矢作武『琱玉集注釋』汲古書院、1985年

(7) 叢書

私たちは今日、多くの叢書があるために、研究の便を大いに蒙っている。『国学基本叢書』『四部叢刊』初編、続編、三編、『百部叢書集成』等々はすべて叢書である。

ところで、『四庫全書総目提要』には、この叢書という分類がなくて、子部雑家類雑纂の属に元・陶宗儀『説郛(せっぷ)』、明・陸楫(りくしゅう)『古今説海』が著録されているだけである。では、その他の叢書は、どう扱われているのであろうか。まず、叢書として最も早いとされるのは南宋・兪鼎孫・兪経兄弟輯『儒学警悟(ゆていごう)』であり、宋人の著述6種を収めて宋代の制度の掌故や人物の瑣事(さじ)を集めているが、これは『四庫全書総目提要』には著録されていない。ただし、この書は原刻本が早く失われて、元明時代に翻刻されず、民国11年（1922）に初めて翻刻されたせいであろう。次には、南宋・左圭『百川学海』であるが、主に唐宋の人の雑著を収めている。この書については、『四庫全書総目提要』の筆者も承知していたらしく、雑家類雑編の後の案語に任昉(にんぼう)の『載地記』が叢書の鼻祖だと述べて、「然れども猶お一家の言なり。左圭の百川学海出でて、始めて諸家の雑記を兼ね裹(あつ)む」と言っているのは、これが所謂「叢書」だという認識があったことを示している。元の陶宗儀『説郛』は前述のように雑家類雑纂に著録されている。明・程栄『漢魏叢書』は書名にも叢書と銘打たれているにかかわらず、『四庫全書総目提要』には著録されていない。なお、この書は清朝の王謨(おうぼ)が編次を加え増補した『増訂漢魏叢書』（乾隆56年、1791年）を利用するのが普通である。その他の叢書について見ると、明・胡文渙『格致叢書』、明・毛晋『津逮秘書(しんたいひしょ)』、清・曹溶『学海類編(そうよう)』、清・汪士漢『秘書廿一種』、清・王晫(おうたく)・張潮『檀几叢書(だんき)』、清・張潮『昭代叢書』

など、いずれも著名にして利用頻度の高い叢書であるが、『四庫全書総目提要』では、雑家存目に著録されているにすぎない。その理由として考えられるのは、叢書の価値が一般に広く認識されていなかったことと、叢書の量が清朝初期にはまださほど多くなかったことによるのであろう。

　しかし、私たちが利用する『京都大学人文科学研究所漢籍分類目録』『東京大学東洋文化研究所漢籍分類目録』などには、集部の後に、別に叢書部を設けていて、そこでは宋元以来の叢書を時代・朝代順に著録している。それについて、倉田淳之助氏は「東方文化研究所漢籍分類目録解説」（『東方学報・京都』第14冊1、1943年）で、叢書部についてこう説明している。「叢書の名は久しいが、目録の上では澹生堂蔵書目に始り、四庫は雑家雑編に入れた。本所の分類では分類同じき叢刻は其の分類の末に叢刻として置き、分類の異なる書を編輯した場合にのみ叢書部に入れるから、ここにいう叢書は彙刻書目等にいう叢書とは範囲が狭い」と。そしてさらに、叢書部を6分類している。すなわち、「第一雑叢類（宋元之属、明之属、清順康雍乾朝之属、清嘉道朝之属、清咸同光宣朝之属、民国之属）」「第二景仿類」「第三輯佚類、第四郡邑類」「第五一姓所著書類」「第六一人所著書類」である。

　例を挙げよう。雑叢類では前記『説郛』や明・呉琯『古今逸史』、毛晋『津逮秘書』が宋元や明の叢書として著録されている。また、清代以降の叢書は朝代ごとに分けられていて、張潮『昭代叢書』、最も大部な『四庫全書』、やは

り乾隆帝勅輯の『武英殿聚珍版書』は「清順康雍乾朝之属」に、張海鵬『学津討源』、銭熙祚『守山閣叢書』は「嘉道朝之属」にそれぞれ著録されている。近人の王雲五の『叢書集成簡編』や『国学基本叢書』、芸文印書館の厳一萍輯『百部叢書集成*』、厳一萍の『叢書菁華』第1期より第6期(台湾・芸文印書館、民国59〜61年、1970〜72年)はいずれも雑叢類の民国之属に著録されている。次の景仿類は、「景刊景印して編輯したもの、勿論叢書の影印ではない」(倉田淳之助)のである。黎庶昌輯『古逸叢書』(光緒10年、1884年、遵義黎氏日本東京使署刊本)は、駐日公使であった黎庶昌が幕下の楊守敬の集めた日本伝存の古籍、例えば正平19年(1364)単跋本の何晏『論語集解』など26種を影印刊行したが、これがこの類に著録されている。また、張元済らが民国8年(1919)から24年にかけて、上海・商務印書館からほとんど宋元版を選んで影印したという『四部叢刊』**『四部叢刊続編』『四部叢刊三編』がここに著録されている。輯佚類に、王謨『漢魏遺書鈔』、馬国翰『玉函山房輯佚書』、黄奭『漢学堂叢書』のような輯佚書のほかに、羅振玉『鳴沙石室遺書』のような敦煌出土の佚書残巻が著録されている。

郡邑類は「一郡一邑の人の著述、或は其の地に官職にあり或は寓公たりし人の著述を加えて輯したもの」(倉田淳之助)である。比較的近年の編集に成るものが多く、清・王灝『畿輔叢書初編』、宣盛懐『常州先哲遺書』などが著録されている。一姓所著書類には、『河南二程全書』(石門

呂氏刊本）のような宋元時代のものは少なくて、大部分は清代の著述である。王念孫・王引之父子の『高郵王氏箋書』や方昌翰輯『桐城方氏七代遺書』が著録されている。一人所著書類には、宋代では『陸放翁全集』『朱子遺書』、明代では袁宏道の『袁中郎十集』、胡応麟の『少室山房筆叢』、清代では黄宗羲の『梨洲遺著彙刊』、王夫之の『船山遺書』、近人の羅振玉『羅雪堂先生全集初編至三編』などが著録されている。

　それでは翻って、叢書が図書分類の一部門を成すに至った経過をたどってみよう。最も早く叢書に着目したのは、倉田氏の指摘するように、明の祁承㸁『澹生堂蔵書目』であり、その子部に叢書類を設けて、さらに国朝史、経史子雑、子彙、説彙、雑集、彙集の6目に分けた。他方、叢書専門の目録が清の嘉慶元年（1796）の顧修『彙刻書目』を嚆矢として相次いで出される。叢書自体も乾隆・嘉慶時期以後、相次いで刊行される。こういう風潮を背景として、清末の張之洞が『書目答問』巻5に、経史子集部とは独立して「叢書目」を設け、「其の中に経史子集皆有り、勢い四部に隷し難し。故に別ちて類を為す」と説明している。張之洞は叢書を二大別して、まず「古今人著述合刻叢書目」には、『漢魏叢書』『津逮秘書』『皇清経解』『玉函山房叢書』『戴校算経十書』（孔継涵）などを挙げ、ついで「国朝一人自著叢書」として、『船山遺書』『高郵王氏五種』（王念孫・王引之）、『陳氏八種』（陳寿祺・陳喬樅）などを挙げている。この分類はあまり詳細ではない。その後、近

035

代になって汪辟疆が『目録学研究』(民国23年、1934年)の「叢書之源流類別及其編索引法」において、下記のような分類法を提案した。

(一) 総類　挙要（四部叢刊など）、蒐異（百川学海など）、景旧（古逸叢書など）、輯佚（黄氏佚書考など）
(二) 専類　専代（漢魏叢書など）、専地（湖北叢書など）、専人（亭林遺書など。康雍朝、乾嘉朝、道咸朝、近代に区分。また、一人叢書と一家叢書にも区分）、専学（経学、史学などに区分）

また、謝国楨「叢書刊刻源流考」（『明清筆記叢談』上海古籍出版社、1981年）は、以下のような分類法を提案している。

(一) 匯刻 (1) 宋元 (2) 明代 (3) 清代（そのなかを初、中、晩の3期に分け、中期は目録、版本、校讐、綜合に細分）
(二) 類刻 (1) 経部 (2) 史部 (3) 子部 (4) 集部
(三) 輯佚弁偽（輯佚と弁偽に区分）
(四) 自著（時代順に分類）
(五) 郡邑（地区に分類）
(六) 族姓（本姓と後人による編集を区別）

なお、近年の上海図書館編『中国叢書綜録』（上海古籍出版社、1982年）は、一．彙編（1）雑纂類（2）輯佚類（3）郡邑類（4）氏族類（5）独撰類、二．類編（1）経類（2）史類（3）子類（4）集類に分類している。また、『中国古籍善本書目（叢部）』（上海古籍出版社、1989年）5冊は、叢書の内容を、彙編叢書、地方叢書、家集叢書、自著叢書に分類している。例を挙げると、地方叢書には、『監邑志林（かんゆうしりん）四十種』66巻、明・樊維城編を、家集叢書には、『晁氏（ちょうし）三先生集五種』9巻、明・晁瑮編を、自著叢書には、『陸放翁全集六種』157巻、宋・陸游撰、明末毛氏汲古閣刻毛扆（もうい）増刻本などである。

このようにまだ一定していないのが、近年の中国における叢書分類法の実情のようである。

＊『百部叢書集成』は、101種の叢書の影印で非常に便利なものではあるが、注意すべきは、完全な影印ではなくて、増補や刪削が加えられている点であり、特に刪削された文献のあることは利用上残念なことである。例えば『古逸叢書』では、「老子道徳経二巻、晋王弼注、集唐字本」など4種が刪（けず）られている。

＊＊『四部叢刊』所収の版本に異同の多いことにも、あまり注意が払われていない。続編・三編は問題がないが、初編（これは通称であり、正式には『四部叢刊』）には初印・重印・縮印の3種あり、所拠の版本の異なる場合がしばしばある。『雲笈七籤（うんきゅうしちせん）』の版本についてはすでに中嶋隆蔵氏が「『雲笈七籤』の諸本について——道蔵本・清真館本・輯要本」（『集刊東洋学』第56号、1986年）でくわしく検討されているが、版本の異なる

最たる例は王陽明の著述であろう。初印は「陽明先生集要」であり、崇禎施邦曜本を影印しているのであるが、これには「伝習録」が収められていない。しかるに重印本は隆慶本に拠る「王文成公全書」であり、「伝習録」はもとより文録、別録、外集などが収められていて面目を一新している。上海図書館編『中国叢書綜録』(上海古籍出版社、1982 年) は、初印・重印の別を明記しているので参照すべきである。

参考書

倉田淳之助「東方文化研究所漢籍分類目録解説」(『東方学報・京都』第 14 冊 1、1943 年)

劉尚恒『古籍叢書概説』(上海古籍出版社、1989 年)

澤谷昭次「「叢書」と「類書」」(『山口大学文学会志』第 42 号、1991 年。後、澤谷昭次『中国史書論攷』汲古書院、1998 年に収める)

二．これだけは知っておきたい版本の知識

　この頃私たちが使用する中国書はほとんどが洋装の、標点された排印本である。鉛印本とも称される。そこで、書物の凡例とか序文には、使用した底本とか参照された版本がどういうものであるかが記載されている。そういう次第で私たちは原本を手にとる必要がほとんどなくなったし、しかも多くの大学図書館には原本となった版本は所蔵されていないと思われる。そこで初歩の人には、頻繁に出てくる版本の名称などの知識について簡単な説明が望ましくなるだろう。

　中国古代の書籍はすべて手写本であり、雕版印刷された書籍が出現した後に「版本」という名称ができた。ここでは印刷術が始まって以来の書籍をあつかうことにする。

1. 雕版の状況による区別

○槧本(ざんぽん)（刻本、刊本）：木板に字を雕(は)って印された書籍。雕版され印刷された書籍を「槧本」と称するのは、「此帙所録杜子美詩、頗与今行槧本小異」（この帙に録せらるる杜子美の詩は、頗(いささ)か今行わるる槧本と小異す——宋・黄伯思『東観余

論』）から始まっているという。刻本、刊本などの名は槧本から引き伸ばされた。

○原刊本（原刻本）：原刊本の名称は重刊本ができてから起こった。原刊本をもとにして翻刻された書は重刊本あるいは重刻本と称せられる。翻刻本とは異なる。行款（字づめ）、版式が底本と同じとはかぎらない。初刻本ともいう。

○旧刊本（旧刻本）：図書を著録する時、年代をつまびらかにできない刊本にあうと、旧刊本あるいは旧刻本と称する。実際には刊本の善いものは宋元時代であって、鑑別にくわしい人は刊行の時代を考証できる。

○精刻本（精刊本）：雕版の字体がすぐれており、精密な校勘を経た書物をいう。主として宋元時代の刻書についていう。写刻本もしくは写刊本ということもある。

○翻刻本（復刻本）：木版印刷は年月が久しくなると損壊しやすく、また、水火や兵乱で消滅しやすい。長く伝えようとすれば翻刻の方法に頼る。まず、原刻本の頁、紙のとおりに重ねて影模して版木に上せ、開雕する。そこで原書の辺欄（匡郭とも。版面の四辺を画する枠）、界行（行と行との間につくる縦線）、版口（版心。袋とじ本の折目にあたる部分で、柱とも称される細長い箇所で、しばしば魚尾、書名、葉数などが記される）、魚尾（版心にある〚 〛【 】形の図。魚の尾に似ているのでいう。白と黒とがある）、字体、字数などをまったく違わぬように模して版木に雕する。宋元版の翻刻本、影刻本が多い。こうして出版されたものは、原刻本と異ならないものが多い。宋版や元版を翻刻したもの

は、復宋本、復元本とも称される。影刻本とも。なお、日本で出版物をもとの体裁に近い形で再度出版することを復刻と通称しているが、厳密には正しい呼びかたではなく、復印本と称すべきであろう。

○通行本：普通に流通している刻本である。

○修補本：雕版が流伝して、何百年も保存していると、版木に痛みがひどくなって修補する必要が生ずる。こうして修補された雕版で印刷された書籍を修補本と称する。例えば、明版南監本(みんぱんなんかん)『玉海』は正徳、嘉靖年間以降、しばしば修補され、明・万暦16年（1588）には趙用賢が重修し、清・康熙(こうき)36年（1697）、李振玉が再度修補し、乾隆3年（1738）、熊木がまたも修補し、さらに嘉慶10年（1805）、ついに火事で焼けてしまった。補刻を2度以上繰り返した刊本を特に逓修本(ていしゅうぼん)と呼ぶ。

○配本：多くの異なった書版を集めて配合して完全な書をつくること。これは完全ではあるけれども版式（版本の版面の形式）は異なっている。清代では金陵、淮南(わいなん)、江蘇、浙江(せっこう)、湖北など5つの官書局がおのおの何種かの史書を刻して二十四史とした。

○百衲本(ひゃくのうぼん)：「衲」は補綴(ほてつ)（つぎはぎ）された僧衣のこと。百衲とは補綴の多いこと。「とつ」と発音することがあるが、これは訛音(かおん)。百衲本とは、ばらばらで不完全な版木を寄せ集めて整った書版によって印刷された書。有名なのは、清朝初期に宋犖(そうらく)が集めた百衲本『史記』80巻、これは宋版2種と元版3種を合わせて成るもの。近年、上海・

商務印書館は異なった版本を用いて百衲本『二十四史』を出版した。この『二十四史』は一史ごとに版式が同じで、それぞれ独立して成ったものであるから、「配本」というべきであり、百衲本とはいえない。

○写刻本：明代中期以後、刻書の字体は宋朝体（直線化した書体）から変化して、横に細く縦に太く、正方形になる。これがいわゆる「明朝体」である。清代になると、官刻、私刻の書籍のなかに、字体の優美さを求めて有名な刻工に依頼した書籍がある。「写刻体」「軟体」とも呼ばれる。

2. 出版者による区別

(1) 官刻本（官府で雕版され印行された書）

宋では秘書監、茶塩司、漕司、府州県学、元では国子監（国立学校を管理する官庁）、各路儒学、府学、興文署、明では南監、北監などで刻印された書は官刻本という。

○監本：各朝の国子監で刻印された書。五代（後唐）の宰相・馮道(ふうどう)が判国子監の田敏(でんびん)らに命じて九経を校正して刻印させたのに始まる。明では南北に国子監が設置されて、ここで経書、史書が刻印された。「南監本」「北監本」と称される。そのなかで宋の国子監原版、元代の補修、明代にさらに重修されたものを「三朝本」と称している。魚尾に明補版の年月が刻されている。

○興文署本：興文署は元代の書籍を刊刻した朝廷の機構であり、経書・史書・子書などを刊行したが、後には蒙古文に訳された儒家の著作をも刊行した。『胡三省音注資治通鑑』が有名である。

○経廠本：明代の司礼監に属する機関に「経廠」があって、内廷の刻書、印書を行う。ここで刻印された書を経廠本という。五経、四書、性理大全などが刻された。

○書院本：宋代以降、科挙による官人登用が主となったので、公私立の学校＝書院が設立されて盛んになったが、南宋以後になると書籍が書院で刊刻されることが多くなった。例えば南宋では、紹定3年（1230）に婺州麗沢書院で司馬光の『切韻指掌図』が重刻されるとか、淳祐6年（1246）に泳沢書院で朱子の『四書集註』大字本が刊刻された。

○府州県（軍）学本：府学、州学、軍学、県学、郡斎、郡庠、学宮、頖（泮）宮、学舎、県斎などで書籍が刊刻された。軍は宋代の行政区画であるが、泉州軍学が『演繁露』を刊刻し、元でも、行政区画である路が県学、書院、儒学などに分担させて大部な書籍を刊刻した。例えば信州路が刊刻した『北史』は、各書院や県学に分担刊刻させたのである。また、紹興9年（1139）、臨安府学では賈昌朝『群経音辨別』を刊刻し、乾道6年（1170）、姑熟郡斎は『洪氏集験方』という医書を刊刻した。郡庠では泉南郡庠が『孔氏六帖』を刊刻し、頖（泮）宮では鄞県頖（泮）宮が『朱子読書法』を刊刻している。

○藩刻本：明代の藩王には学術に心を傾け文化事業に熱心な人があり、通儒を招き古書を刊刻した。諸王の藩府で刻された書籍には佳本がある。李致忠『歴代刻書考述』には、現に中国国家図書館に所蔵されている藩刻本、例えば秦藩の朱惟焯が嘉靖13年（1534）に重刊した黄善夫本『史記集解索隠正義(しきしっかいさくいんせいぎ)』など多くの書を挙げている。

○各路使司本：路は宋代の地方行政の区画。15の路がある。他に安撫司、転運司、提刑司、茶塩司などの民生、運輸、茶塩などの産業や刑罰にかかわる部署が置かれている。そういう役所で刊刻された書籍である。司は役所の意。例えば、両浙東路茶塩司刊刻の北宋神宗熙寧(げいねい)2年（1069）刻『外台秘要(げだいひよう)』、南宋高宗紹興3年（1133）刻『資治通鑑』、紹興17年（1147）福建転運司刻『太平聖恵方』、南宋高宗紹興21年（1151）両浙西路転運司刻『臨川先生文集』、江西転運司刻『本草衍義(ほんぞうえんぎ)』などがある。

○公使司本：宋代の公使庫は現在の招待所に似ている。往来する官吏を接待、宿泊させる。例えば、北宋哲宗元符元年（1098）蘇州公使庫刻『呉郡図経続記(きぞう)』、徽宗宣和4年（1122）吉州公使庫刻『六一居士集』などが刻印されている。

○漕台本・漕院本：宋代の漕台は明清時代の漕運総督の役所に相当するが、江西漕台が荀悦(じゅんえつ)の『申鑒(しんかん)』を刊刻した。江東漕院では『礼記集説』を刊刻した。

○殿版(でんぱん)：清の康熙帝の時に武英殿に修書の場所が設けられたが、その刻書はきわめてすぐれていた。乾隆4年

(1739)、十三経、二十一史をここで刻した。以後もたびたび武英殿で刻印したが、その写刻がきわめてすぐれているので「殿版」の名が高くなった。武英殿版とも。

○内府本：清朝で皇帝による訂定を経るか皇帝が臣に命じて編纂させた書はすべて、内府から刊行されたので内府本という。印刷校勘がすぐれている。清朝以前で最も浩瀚な字書である『佩文韻府』は康熙50年（1711）、内府で刊刻された。

○局本：金陵書局本、湖北書局本など。清・同治年間に江寧に金陵官書局が設けられたのをはじめ、江西、浙江、福建、両広などに書局が設立されたが、ここで刻印された書籍。

(2) 私刻本

○私宅本：宋代では私宅本を出版することが盛んであった。次の家刻本とほぼ同じである。経部では、婺州門巷唐宅鄭玄注『周礼』、史部では、王叔辺刻『後漢書注』、子部では、崇川于氏刻『新纂門目五臣注揚子法言』、集部では、婺州王氏宅桂堂刻『三蘇先生文集』などが知られている。

○家刻本（家塾本、書塾本）：私人の家や塾で刻印された書。例えば、宋の相台・岳珂が刻した九経三伝は相台岳珂氏家塾本と称する。銭塘・王叔辺の刻した前後『漢書』、建安虞氏家塾刻『老子道徳経』などがある。

○閔刻本・凌刻本：明末の万暦年間から崇禎年間にかけて

呉興・閔斉伋と、やや遅れて同じく呉興・凌濛初の家で始められた朱墨あるいは5色の套印本であり、閔斉伋は『春秋左伝』の朱墨套印本を出して歓迎され、さらに朱墨黛3色の套印本『孟子』を始め10種余りの套印本を出した。一方、凌濛初は子部や集部の書、例えば『初刻拍案驚奇』『二刻拍案驚奇』はよく知られているが、その他に『東坡書伝』『陶靖節集』とか『琵琶記』『西廂記』などの元曲の套印本をも出した。套印本は批点評注があること、字体が方正、紙色が潔白、行の幅は広いという特徴がある。

○毛刻本：明末の蔵書家・毛晋の汲古閣から刊刻された書籍。汲古閣本に同じ。刻書数は600種余りにのぼり、また印刷が精審で、校勘が精密であったので善本の評価が高い。

○坊刻本：坊は書坊を指す。五代では書肆、北宋では書林、書堂、南宋の臨安では書棚、書鋪などと称され、近年では書店、書局という。書坊で刊印された書を坊刻本という。卞梁、杭州、臨安、建陽などが知られている。

なお、麻沙本は粗悪な書籍の代名詞のように言われていて、その理由の一つに、福建の麻沙鎮附近は榕樹（ガジュマル）が多く、これは木質が軟らかく、つくりやすくて早く売れるので、刻印が巧みでない、とされている。しかし、本書の附編「日用類書について」で説明しているように、麻沙鎮附近には榕樹の植生はなく、また麻沙本の遺物を検討すると、それは榕樹ではなくて梨木だとされている。

○書棚本：南宋の陳道人・陳宅の書籍鋪で刻された書を指していう。臨安府棚北大街睦親坊南にあったので書棚本という。故宮博物院所蔵の宋版『常建詩集』巻上の末葉に「臨安府棚北大街睦親坊南陳宅刊印」との記載がある。また当時の尹氏の書籍鋪で出された書も書棚本という。
○書帕本：明代、地方官が赴任したり帰京する時の手土産として印刷された書籍。
○仏寺：北宋では福州東禅寺が、徽宗の崇寧2年（1103）に竣工した『崇寧萬壽大蔵』6434巻があり、南宋では、福州開元禅寺が紹興21年（1151）に竣工した『毘廬大蔵』6117巻、ついで、理宗の紹定4年（1231）に開雕し、元の英宗・至治2年（1322）に竣工した平江府磧砂延聖院の『磧砂大蔵経』6362巻がある。
○道観：北宋の真宗天禧3年（1019）に『大宋天宮宝蔵』4565巻が刊刻されたが、これは伝存しない。同じ真宗の時、張君房に命じて、宮中の道書を中心として道教経典を集めて『雲笈七籤』122巻を刊刻させた。

3. 主な宋本

○蜀本：宋代四川で刊刻された書籍で、初めは成都、後には眉山が印刷の中心となった。蜀大字本という呼称もある。
○閩本（建本、麻沙本ともいう）：福建の建寧府あるいは建陽県で刊刻された書籍で、しばしば粗悪本と称されてい

る。
〇浙本(せっ)：浙江の杭州で刊刻された書籍。元代の泰定元年(1324)、杭州西湖書院本があり、その『文献通考』は有名。
〇婺州本：婺州は今の浙江省金華県。南宋では浙東、浙西は刻書の盛んなところで、なかでも婺州で刻された書物は字体が瘦勁(そうけい)で風格を備えていたので婺州本と称された。
〇影写本（影写宋元善本）：薄くて強靭な紙で原書を覆い、影写した（しき写した）書籍。影鈔本ともいう。特に影写宋元善本を指すことが多い。清代の『天禄琳琅書目(てんろくりんろうしょもく)』では特に「影宋鈔本」の類を立て、宋版の後、元版の前に置いている。

4. 印刷の先後や色彩使用による区別

〇初印本、後印本：印刷がくりかえされると版木が裂けたり、字迹(じせき)がくずれたりするので、修補の痕跡が見られるようになる。そこで、初印本が貴ばれる。
〇朱印本・藍印本：最初の試印には朱色もしくは藍(あい)色のインクを用い、その後で墨印した。また、印譜や符籙（おふだ）などに朱印を用いた。
〇朱墨本：朱色で評語や圏点（標点）を印した書物。
〇套印本(とういん)：朱墨2色から3色、4色、5色へと進んだ。版画に用いられる。套は上からかさねる意。凌刻本が有名。
〇搨本(とう)：拓本(たく)とも。金石文、碑碣文(ひけつ)、印譜などを搨模(とうも)し装

丁した書物を搨本、拓本という。墨色で搨印したものを墨搨本、朱色で搨印したものを朱搨本という。『漢熹平石経』『西泠八字印選』など。

5. 増補節略・批点・評注による区別

○底本：古典籍を整理し校勘する際に依拠する原本。近年では「工作本」とも称せられる。日本では「そこほん」と称して、「定本」と区別している。一般に校勘が精審で、時代が早く、流伝が広いものを用いる。なお、藍本という呼び方もある。
○校本：同じ内容の書物の異なった版本を集めて対照して文字上の校勘（校正）を行った書籍。校勘にあたって早いテキスト、あるいは善いテキストを求めて底本とする。宋代以来、学者や蔵書家は校本を重視し、これを善本と称した。
○批点本：名家の批評、圏点（標点）のつけられたテキスト。評本とも。
○増訂本：原刻本の後に撰者が修訂や増補を加えて再び刊行した書籍。
○刪節本：原刻本の後に何らかの理由で、その内容に刪節を加えて再び刊行した書籍。
○注本：正文のほかに注釈が加えられた書物。
○節略本（節本）：原書の分量が多くて重印の時に、その中の一部を節略して刊行することがある。魏了翁の『五経

要義』、呂祖謙の『十七史詳節』などがそうであるが、清代の経書集成である『皇清経解(こうせいけいかい)』所収の明清人の文でも、まま節略引用されている。

6. 活字本

○泥(でい)活字：北宋の畢昇(ひっしょう)(？～1051年？)が膠泥(こうでい)活字を発明した。これは世界で最も早い活字とされる。しかしその印刷物は伝存しない。北宋の沈括(しんかつ)『夢渓筆談(むけいひつだん)』にその記載がある。

○木活字：元代初期、安徽南部や浙江東部で普及していた。『農書』を著した王禎(おうてい)が木版活字印刷の技術を考案し、また彼より20年ほど後に馬称徳も木活字本を刊刻した。『農書』は木活字で印刷され、その巻22には「造活字印書法」という解説文と「転輪排字架（回転活字盤）」の図が載せられている。明代では書院で木活字本が刊刻されたが、多くは明代後期・万暦年間（1573～1620）の刊本である。注意すべきは、南方で「家譜（族譜）」の印刷に木活字が用いられていること、また、朝廷の公報「邸報(ていほう)」も木活字で印刷されていることである。

○聚珍(しゅうちん)本：本来は木活字本に同じである。清朝の武英殿で刊行された木活字本の『武英殿聚珍版叢書』などを指していたが、その後、浙江、江西、福建などの布政使が、これを木版で復刻して、やはり聚珍本と称した。活字本と呼ばなかったのは、それが「文雅」でないと考えられたからだ

という。
○鉛活字本：15世紀の朝鮮で鉛活字による印刷が行われたが、中国では明代中葉に江蘇、常州一帯で鉛活字印刷が行われたという。これは現代の鉛合金活字とは異なる。現代の鉛合金活字は、鉛とアンチモン、錫との合金である。
○銅活字本：明代の弘治・正徳年間（1488-1521）に無錫、常州、蘇州、南京一帯で銅活字本が出版された。清代では康熙帝の勅命による『古今図書集成』が雍正4年（1726）に完成、銅活字で出版された。その後、光緒10年（1884）、民間の書肆、上海・申報館（点石斎石印書局）から鉛活字本が出され、さらに同16年に同文書局から石印本が出された。

7. その他の印刷本

○石印本：石版を用いて印刷された書籍。天然の小孔の多い石印石を版材とし、脂肪性の黒インキで直接に石面に絵や字を書き、あるいは転写紙を石面に刷りつけると、印版ができる。印刷する時は、まず水で版面を湿らせ、絵や字のある部分だけが油性の墨に附着する。こうして印刷ができあがる。
○珂羅版（コロタイプ）印本：玻璃版印本とも。写真製版によって複製した本。
○油印本：ガリ版本、謄写印刷本、孔版本などとも称する。原紙に鉄筆で絵や字を書き、それを謄写器に当てて油

性黒インキのついたローラーで上から押すと、下に置いた紙に印刷される。
○影印本：近代になって写真技術を摂取した複製品。原書にもとづいて写真製版によって複製した書籍。景印本とも書く。

8. その他の呼称

○巾箱本(きんそう)：南宋の時、科挙を受験する士人たちが携帯に便利なように小型にした書籍を好んだので始まった。
○袖珍本(しゅうちん)：巾箱本にならった、版型がきわめて小さくて、懐や袖の中に入る書籍。清の乾隆年間、武英殿で雕印された経史の書籍に始まり、『武英殿袖珍版』がよく知られている。その後、これをまねて書房から袖珍本が刊刻されるようになった。
○祖本：ある書物が、異なった時期に、いくつかの刻本が出版されれば、その最初に刻印されたものが、その後の刻本の依拠するテキストとなる。そこで最初の本は重視されて祖本と称される。
○孤本：海内まれに見られる書物。
○残本：不完全な書物。本来は完全であったのが人々の手を経たり、また時代を経たりして残欠が生じた書物。
○零本(れい)（零冊）：「零」は「はした」「こまごました」の意。現代の中国語で「零銭(リンチエン)」といえば「小銭」のこと。完全で欠けたところのない書籍である「完本」に対して、伝承

される間に多くが欠けてしまって、残っている部分がわずかになった場合をいう。巻数、冊数、葉数それぞれについていえる。

参考書

陳国慶『古籍版本浅説』遼寧人民出版社、1957年。名古屋・采華書林復印。沢谷昭次訳『漢籍版本入門』研文出版、1984年

魏隠儒・王金雨編『古籍版本鑑定叢談』北京・印刷工業出版社、1984年

張樹棟編『張秀民印刷史論文集』北京・印刷工業出版社、1988年

李致忠『歴代刻書考述』成都・巴蜀書社、1990年

趙国璋・潘樹広主編『文献学辞典』江西教育出版社、1991年

張秀民・韓琦『中国活字印刷史』北京・中国書籍出版社、1998年

＊日本での理論・呼称については、長澤規矩也『図書学辞典』（汲古書院、1979年）、川瀬一馬『日本書誌学用語辞典』（雄松堂出版、1990年）を参照

三．古典のなかには偽書もある

　こういうことがあった。
　某私立大の近現代を専攻する大学院学生が、その論文のなかで晋の張華の撰とされている『感応類従志』の一句を引用していて、論文の主題の資料の一つとしているのである。この論文は当該の専門分野の学会で口頭発表され、さらには学会の査読委員の審査を経て機関誌に掲載されたという。ということは、その学会の論文を審査された委員も、また偽書についての知識をもっていなかったから、何らの指摘もしないで堂々と学会の機関誌に掲載させたのであろう。ところが、この書について説明すると、その後の六朝時代に張華の名に託した偽書なのである。漢籍目録には、当然のことながら所定のルールに従って「晋・張華撰」と記載されている。そこでこの論文の著者である若い学生は、偽書かもしれないという疑いを一点も抱かず、書物の素性について『四庫全書総目提要』などで調べることもしないで、漢籍目録の記載をそのまま信じて資料として使ったようである。『四庫全書総目提要』雑家存目には、「旧本は晋の張華の撰と題されているが、隋唐以来の経籍志や芸文志には皆載せられていないし、諸家の書目にも著録されていない。書中の語に俚陋が多く且つ皆妖妄魘制の法である。それが（張華の名に）依託されていることは疑いない」とある。古来中国の典籍には著名な人物の名に仮託された著作が多い。漢代の東方朔

の名に託した著作はいくつもあるが、すべて偽書である。こういうことは古典を扱う者には実は常識である。古言に曰く、「尽く書を信ずれば書なきに如かず」と。私はこういう状況にたいへんな危機感を覚えたのである。というのは、事は論文投稿者の学生だけにとどまらない。学会の査読委員をされた年季を積まれた研究者ですら偽書についての知識が不足していることが分かったのである。

これが本稿を草する動機である。つまり、当該の若い研究者だけの問題としてではなく、中国近現代を研究対象とする語学・文学・哲学各分野の多くの専門家に偽書というものの存在と古文献への対応のしかたをわきまえていただきたいというのが本稿の趣旨なのである。

中国では、古典籍の偽作が古くから行われていることは、周知のことである。「偽古文尚書」(晋の梅賾の偽撰)、『孔子家語』(魏の王粛の偽撰)がすぐに思い浮かぶが、左丘明の撰とされる『春秋左氏伝』も劉歆の偽作とされて一時論争が行われた。『周礼』は周公の作とされているが、決して西周の制度そのものが記載されているのではないこと、まったく常識に属する。雑史類や小説類では六朝時代の偽作とされるものが多い。『西京雑記』は『隋書』経籍志には晋の葛洪撰とされているが、葛洪というのは後人の仮託だろうとされている。

ただし、偽作とされたものが、近年の出土資料によって否定されることもある。『文子』は『老子』にもとづいた

055

偽作とされていたが、近年、竹簡に書かれた『文子』が出土して、ほとんどが伝本に近いことが分かった。

　また、一概に偽書といっても、後世の誰かが原文に附加したようなものもある。最近、私に医学文献についての問い合わせがあった。その質問は葛洪の『肘後備急方』に、デング熱についての記載があるので、葛洪が初めてデング熱を記述したという説が最近ある論文に出ているが、本当かどうか教えてほしい、ということであった。そこで、該当の記述を読むと、それは「姚氏の水毒に中たる秘方」であり、そこには「又言う、水病に中たれば……」となっていて、葛洪自身の文ではなくて後世の姚氏（実は北周時代の姚僧垣）の治方が附加されているのである。『肘後備急方』の現行本は、葛洪の原書に幾たびか後世の人が増広して伝わっているのである。この事情を押さえておかなければまったく誤解してしまうのである。中国古代の医薬書はこのように原書に後人が附加して今日も伝存しているものが多いのである。こういう事情については、中国の文献についての知識や訓練を受けていない人には理解されていないのである。

　まず、『四庫全書総目提要』の該当の書名の解説を読めば、ほとんどは偽書かどうかは分かるのであるが、以下には偽書を専門的にとりあげて解説した書物を紹介したい。

　私はこれまでしばしば、こういう考証を必要とする古文献を資料として使用しているので、その一つ『列仙伝』の場合を考えてみよう。

列仙伝　漢劉 向 撰
　　　　　　　　りゅうきょう

　漢籍目録を調べると、この伝記は「列仙伝 漢劉向撰」と記載されている。現行本には『古今逸史』『秘書二十一種』『夷門広牘』『五朝小説』『琳琅秘室叢書』『道蔵』洞真部記伝類などがあるが、『道蔵』本にもとづいて校定した清の王照円『列仙伝校正本』2巻讚1巻が信頼できる。

　晋・葛洪は『抱朴子』内篇・巻2「論仙」で、「劉向が編纂した『列仙伝』には70人余りの仙人を載せる。もしその事がないのなら、捏造して何になろう？　太古の事は、この目では見られない。すべて記録によるか、昔からの伝聞による、しかない。ここに『列仙伝』というはっきりした記録がある以上、仙人は必ずある」（本田済訳による）と述べていて、『列仙伝』は劉向の著作であるとしたうえで、仙人の実在の証拠としている。そして『隋書』経籍志巻2「経籍二史」、つまり史部の次の「雑伝」に、「列仙伝讚三巻 劉向撰嚴続 孫綽讚」「列仙伝讚二巻 劉向撰 晋郭元祖讚」と2種の書名が記載されている。また、その解説には、「又漢時、阮倉作列仙図、劉向典校経籍、始作列仙・列士・列女之伝、皆因其志尚、率爾而作、不在正史」（又た漢の時、阮倉列仙図を作る。劉向経籍を校するを典り、始めて列仙・列士・列女の伝を作る。皆其の志向に因り、率爾にして作れば、正史に在らず）と記されているから、この『隋書』経籍志が編纂された唐初には、劉向撰『列仙伝』という伝記が存在していたのであろう。しかし、

『漢書』巻36「楚元王伝」の劉向の伝記には、『列女伝』を著したことが記されているだけであり、『漢書』「芸文志」には儒家者流に「劉向所序六十七篇」とあり、その班固注に「新序、説苑、世説、列女伝頌図也」と説明されている。その他に道家者流に「劉向説老子四篇」、詩賦略に「劉向賦三十三篇」が著録されている。肝心の「列仙伝」は『漢書』「芸文志」にはまったく著録されていないのである。その撰者の班固が書き忘れたと思うかもしれないが、劉向は漢代きっての大学者である。書き忘れることは絶対にない。そこで、劉向が『列仙伝』を撰したことや、『列仙伝』そのものについて後世疑問が出されてくるのである。まず、北斉の学者顔之推の『顔氏家訓』書証篇に、「列仙伝は劉向の撰する所、而るに賛に七十四人は仏経に出づ、皆後人の羼する所に由る。本文に非ざるなり」という。この「七十四人は仏経に出づ」以下の文は今本の『列仙伝』には欠いているが、おそらく顔之推の当時のテキストにはあったのであろう（釈道世『法苑珠林』、釈法琳『破邪論』の引用ではこの語がある）。顔之推は『列仙伝』全体を偽撰と疑ったのではなくて、その賛の部分が劉向の本文ではないことに注意したのである。その後、南宋の陳振孫『直斎書録解題』（巻12 神仙類）が同じく賛の部分を拠り所として『列仙伝』そのものが偽書だと論じている。「漢劉向撰、凡七十二人、毎伝有賛、似非向本書、西漢人文章不爾也」（漢の劉向の撰、凡そ七十二人、伝毎に賛有り、向の本書に非ざるに似たり、西漢の人の文章は爾ざるなり）

と。陳氏は文気から推して前漢のものでないと論じているのである。清朝の考証学は古籍に対する批判的な態度をとったのであるが、そういう風潮の中で姚際恒『古今偽書考』が著されている。その子類に『列仙伝』をとりあげている。

　　陳直斎曰、（中略）恒案、漢志載向新序、説苑、世説、列女伝、而無列仙伝、可証其偽。殆因列女而有此列仙歟。其云、歴観百家之中、以相検験得仙者百四十六人、其七十四人、已在仏経、故検得七十二人、可以為多聞博識者遐観焉。西漢之時安有仏教。其為六朝人所作、自可無疑也。
　　（陳直斎曰く、（中略）恒案ず、漢志は向の新序、説苑、世説、列女伝を載せて、列仙伝無し、其の偽なること証す可し。殆ど列女に因りて此の列仙有るか。其れ云う、百家の中を歴観し、以て相検験するに仙を得る者は百四十六人、其の七十四人は、已に仏経に在り、故に七十二人を検し得たり。以て多聞博識の者の遐覧と為す可し。西漢の時に安んぞ仏教あらん。其れ六朝人の作る所為ること、自ら疑い無かる可し。）

次に『四庫全書総目提要』を見てみよう。その子部道家類に『列仙伝』2巻が著録され「両淮塩政採進本」に拠っている。

　　旧本漢劉向撰、紀古来仙人、自赤松子至元俗、凡七十

一人、人係以讚、篇末又為総讚一首、其體全仿列女伝、陳振孫書録解題謂、不類西漢文字、必非向撰、黄伯思東観餘論謂、是書雖非向筆、而事詳語約、詞旨明潤、疑東京人作、今考是書、隋志著録、則出於梁前、又葛洪神仙伝序亦、称此書為向作、則晋時已有其本、然漢志列劉向所序六十七篇、但有新序、説苑、世説、列女伝図頌、無列仙伝之名、又漢志所録、皆因七略、其総讚引孝経援神契、漢志所不載、涓子伝称其琴心三篇、有条理、与漢志蜎子十三篇不合、老子伝称作道徳経上下二篇、与漢志又不合、均不応、自相違異、或魏晋間方士為之、託名於向耶。

（旧本漢の劉向撰、古来の仙人を紀し、赤松子自り元俗に至るまで、凡そ七十一人、人係くるに讚を以てし、篇末又た総讚一首と為す、其の体は全く列女伝に仿う。陳振孫が書録解題に謂う、西漢の文字に類せず、必ず向の撰に非ずと、黄伯思の東観餘論に謂う、是の書は向の筆に非ずと雖も、事は詳らか語は約に、詞旨は明潤、疑うらくは東京（洛陽すなわち東漢）の人の作ならん。今考うるに、是の書は隋志著録すれば則ち梁の前に出づ、又た葛洪の神仙伝序にも亦た、此の書は向の作と称すれば、則ち晋の時已に其の本有り。然れども漢志劉向序する所の六十七篇を列して、但だ新序、説苑、世説、列女伝図頌有るも、列仙伝の名無し、又た漢志の録する所は皆七略に因る、其の総讚、孝経援神契を引くも、漢志の載せざる所。涓子伝

は其の琴心三篇を称して、条理有り、漢志の蜎子十三篇と合せず。老子伝は道徳経上下二篇を作ると称するも、漢志と又た合せず、均しく応ぜず自ら相違異す、或は魏晋の間の方士之を為し、名を向に託するか。）

　この議論で論じ尽くされているかのように思えるのであるが、黄雲眉は『古今偽書考補証』で『四庫全書総目提要』の説を補っている。

　是信作者為劉向而書則非宋以前之本矣。余謂文選注所引、既為今本所無、四庫総目信為旧本固誤。然仏経至後漢桓霊時始有訳本、距劉向之歿将二百年、孫志祖反以今本無出仏経之語、証非劉向所作之旧本、不尤誤耶！　其作者時代、東観餘論疑出東京、姚氏断為六朝、総目謂出魏晋間。考葛洪神仙伝序已称是書為劉向作、則六朝之説、似不足拠、東京亦無此等文字、要以総目所言為然爾。
　（作者は劉向ではあるが書は宋以前の本＝テキストではないと信ずる。思うに文選の注の引用が、すでに今本には無いのであるから、四庫全書総目が旧本だと信じているのはもとより誤りである。しかし、仏教経典は後漢の桓帝・霊帝の時に始めて訳経が出たのであるが、それは劉向が歿して二百年に近い。孫志祖は反って今本に仏経に出るの語がないことから、劉向のつくった旧本ではないことを証明しようとしているが、こ

とに誤っている！　その作者の時代について、東観餘
論は東京だろうと推測しており、姚際恒は六朝だと断
定しており、総目は魏晋の間だといっている。考えて
みるに、葛洪の神仙伝序がすでに、この書は劉向の作
だと称しているから、六朝の説は根拠とするに足りな
いし、東京とはいうもののこれらの文字（後漢時代の
文章）はない、要するに総目のいうところを妥当とす
るしかない。）

　張心澂『偽書通考』はその下巻の「道蔵」のなかで『列
仙伝』をとりあげているが、黄伯思、陳振孫、姚際恒、
『四庫全書総目提要』などの諸家の説を紹介していて便利
ではあるが、特に新説を立ててはいない。ただ、胡応麟
『四部正譌』を引用している。

　　案、漢書芸文志「劉向所叙六十七篇」止新序・説苑・
　　世説・列女伝而無此書。劉歆所定、果向有此書。班氏
　　決弗遺、蓋偽撰也。当是六朝間人、因向伝列女、又好
　　神仙家言、遂偽撰託之。其書既不得為真、則所伝之人
　　亦未必皆実。攷此伝、孫綽及郭元祖各為賛、非六朝則
　　三国無疑也。
　　（案ずるに、漢書芸文志の「劉向叙する所の六十七篇」
　　は、新序、説苑、世説、列女伝に止まりて、此の書無
　　し。劉歆の定むる所、果して向に此の書有らんや。班
　　氏決して遺さず、蓋し偽撰なり。当に是れ六朝の間の

人、向が列女に伝し、又た神仙家言好むに因りて、遂に偽撰して之に託すべし。其の書既に真為るを得ざれば、則ち伝する所の人も亦た未だ必ずしも皆実ならず。此の伝を攷うるに、孫綽及び郭元祖各々賛を為る、六朝に非ざれば三国なること疑い無きなり。)

最も新しい成果である鄧瑞全・王冠英主編『中国偽書綜考』(1998年)では道蔵部(一)洞真類で『列仙伝』をとりあげている。『隋書』経籍志以来『四庫全書総目提要』までの諸家の考証を列挙しているが、どうしてか黄雲眉『古今偽書考補証』も引用されていないばかりか、『列仙伝』を資料として使用する場合に必見の『四庫提要弁証』が採用されていない。そこで、この『四庫提要弁証』の考証の要点を引用しておこう。その重要な点は『道蔵』本『雲笈七籤』巻108所引の『列仙伝』を基本に考察していることである。

その『列仙伝』は、「考道蔵本雲笈七籤巻一百八、録列仙伝為一巻、凡四十八人、人数雖有刪除、而前後次序与今本並合、文字亦無大異、惟偶有一二字不同耳。七籤為宋人張君房所著、君房於祥符中奉勅銓次秘閣道書(見郡斎読書志巻十六)、是為道蔵之祖、今本皆出於道蔵、宜其無大異同。馬師皇伝中有治字三、七籤本於前両治字皆作佗、蓋猶出於唐本。然無唐宋諸書所引佚文。蓋君房偶拠一刪節之本、収入道蔵、而諸書之所引、則原本也。説郛(拠明写本)所録列仙伝、凡七十人、亦与今本同、而次序先後間有

不合、又多序文一篇、則又別本矣」(道蔵本雲笈七籤巻一百八を考うるに、列仙伝を録して一巻と為し、凡そ四十八人、人数に刪除有りと雖も、前後次序は今本と並び合し、文字も亦た大異無し、惟だ偶たま一二字同じからざる有るのみ。七籤は宋人・張君房の著す所、君房は祥符中、勅を奉じて秘閣の道書を銓次す(郡斎読書志巻十六に見ゆ)、是れ道蔵の祖為り。今本は皆道蔵より出づ、宜なり、其れ大いなる異同なきは。馬師皇伝中に「治」字三有り、七籤本は前の両治字に於いて皆理に作る、蓋し猶お唐本より出づるがごとし。然れども唐宋の諸類書引く所の佚文無し。蓋し君房偶たま刪節の本に拠って、道蔵に収め入れて、諸書の引く所は、則ち原本なり。説郛(明写本に拠る)録する所の列仙伝は、凡そ七十人、亦た今本と同じきも、次序の先後間ま合せざる有り、又た序文一篇多ければ、則ち又た別本なり)と説明されている。

さらに『芸文類聚』『太平広記』などの類書に引用されている『列仙伝』の仙人の伝記をも考察の対象としている。かくして余嘉錫は、今本は唐以前の旧本ではなく、必ず宋以後の黠なる(わるがしこい)道士のしわざだろう、と推測している。

周礼(しゅらい)

まずこの経書の内容について、日原利国編『中国思想辞典』(研文出版、1984年)の該当項目を引用しておく。
(1)『周官(しゅうかん)』ともいう。前漢武帝の治世(前2世紀)に、

民間から発見されたと伝えられる。現存最古の行政法典。天地春夏秋冬の六官方式をとるが、冬官部分は発見時からすでになく、「考工記」という別の文献を充当する。作者は不明。周王朝創立の指導者周公の行政典範という高い評価に対し、戦国乱世の陰謀家の作とする正反対の見方もある。秦以前の古体文字（篆書^{てんしょ}）で書かれていたので、経学論争の過程で古文学派に重視され、今文学派^{きんぶんがくは}に敵視された経緯がある。

(2) 天官——職務上は治官——部門の長である冢宰^{ちょうさい}は、六官の全官僚を統括。天官所属の官職 62。地官——職務上は教官——部門の長は司徒。所管領域は教育財政を含む地方行政一般。地官所属の官職 76。春官——職務上は礼官——部門の長は大宗伯。所管領域は国家行為としての儀礼一般。各種祭祀を重要な政務とする祭政一致。春官所属の官職 69。夏官——職務上は政官——部門の長は大司馬。所管領域は国軍の統率を主柱とする狭義の政事一般。この「政」は正す意味で、国軍の任務も不正の懲罰とされている。軍隊の編成は住民組織に対応。夏官所属の官職 66。秋官——職務上は刑官——部門の長は大司寇。所管領域は法務一般のほか、国賓の接待など雑多。秋官所属の官職 66。冬官——職務上は事官——部門相当の考工記は、車両・兵器をはじめ日常の生活用具および工芸・土木の技術職種 30 と、その製作工程の記述。

(3) 省略。

(4) 出現と同時に古文学派に重要視されたが、真に高度安定の学術的地位を確立したのは、鄭玄(じょうげん)(127〜200年)。杜子春(としししゅん)、馬融(ばゆう)ら先輩の初歩的業績を承(う)けて成就された鄭玄の成果は巨大。特定実在国家の行政法典としてつくられたのでない本書は、「理念法典」として一種の超越的権威を取得し、現実の行政に対する批判論の拠りどころとなった。王安石の『周官新義』は特色ある利用例(重沢俊郎)。

『古今偽書考』は「出於西漢之末。予別有通論十巻、茲不更詳」(西漢の末に出づ。予に別に通論十巻有り、茲に更には詳(つまびらか)にせず)という。

『古今偽書考補証』は、毛奇齢の「周官弁偽」や康有為の『新学偽経考』を引用した後に、「周礼一書、於諸経最為晩出」(周礼の一書は、諸経に於て最も晩出為り)という。

張心澂『偽書通考』上では、経部礼類で論じられている。

周礼(撰人および時代を誤認し、並びに改竄有り)周姫旦撰。

漢書芸文志は周官経六篇を載せ、自註に云う、「王莽の時、(劉)歆博士を置く」と。顔師古註曰く、「即ち今の周礼なり。其の冬官を亡(う)い、考工記を以て之に充(あ)つ。」

隋書経籍志曰く、「漢の時に李氏周官を得る有り。周官

は蓋し周公制する所の官政の法。河間献王に上(たてまつ)る。独り冬官一篇を闕(か)き、献王之を購(あがな)うに千金もてするも得ず、遂に考工記を取りて以て其の処を補う。六篇を合成して之を奏す。」

陸徳明曰く、「劉歆始めて周官経を建立し以て周の礼と為し、東漢末鄭康成之に註するに迄(いた)り、遂に周礼と名づく。」(『経典釈文(けいてんしゃくもん)』)

孔穎達(くようだつ)曰く、「孝文の時此の書を求め得たるも、冬官の一篇を見ず、乃ち博士をして考工記を作りて之を補わしむ。」(礼記疏)

賈公彦(かこうげん)曰く、「周礼は成帝の劉歆より起りて、鄭玄に成り、之に附離する者大半。故に林孝存以て武帝は周官の末世瀆乱不験の書を知ると為し、故に十論七難を作りて以て之を排棄す。何休亦た以て六国陰謀の書と為す。唯だ鄭玄は群経を徧覧し、周礼なる者は乃ち周公太平を致すの迹なるを知り、故に能く林碩の論難に答え、周礼の義を条通(りんせき)せしむ。」(故林孝存以為武帝知周官末世瀆乱不験之書、故作十論七難以排棄之)(「序周礼廃興」)

毛奇齢「周官弁偽」に曰く、「周礼自非聖経、不特非周公所作、且並非孔孟以前之書。此与儀礼・礼記皆同時雑出於周秦之間。此在稍有識者皆能言之。若実指某作、則自誣妄、又何足以論此書矣」(周礼は自ら聖経に非ず、特だに周公の作る所に非ざるのみならず、且つ並して孔孟以前の書に非ず。此れ儀礼・礼記と皆同時に周秦の間に雑出(ぎらいらいき)す。此れ稍や識有る者に在りては皆能(よ)く之を言う。実に某の作

と指せば、則ち自ら誣妄す。又た何ぞ以て此の書を論ずるに足らん。）

　康有為「新学偽経考」に曰く、「劉歆偽諸経。唯周礼早為人窺破。胡五峰……、蓋歆為偽経、無事不力与今学相反、総集其成則存周官。今学全出於孔子、古学皆託於周公。蓋陽以周公居摂、佐莽之簒、而陰以周公抑孔子之学。此歆之罪不容誅者也」（劉歆諸経を偽る。唯だ周礼のみ早く人の窺破するところと為る。胡五峰……、蓋し歆偽経を為し、事ごとに力めて今学と相反せざる無く、其の成を総集すれば周官に存す。今学は全く孔子に出で、古学は皆周公に託せらる。蓋し陽には周公の居摂を以て莽の簒を佐け、而して陰には周公を以て孔子の学を抑う。此れ歆の罪は誅を容れざる者なり。）

葬書一巻

『京都大学人文科学研究所漢籍分類目録』には、『学津討原』第9集に「古本葬書一巻　晋郭璞撰　□闕名注」、『崇文書局彙刻書』に「葬経内篇一巻　晋郭璞撰　□闕名注」、『津逮秘書』第四集に「古本葬経内篇第一巻　坿葬経翼一巻難解二十四篇一巻図一巻　晋郭璞撰　□闕名注　坿録明繆希雍撰」が著録されている。葬経と葬書の違いはあるが、郭璞撰となっているから同一書と考えられる。この書はいわゆる風水書のバイブルのように今日もてはやされるが、『偽書通考』はこれを偽書と断じている。

　宋濂曰く、「葬書は号して郭景純の作る所と為す。後世

葬巫競い起こりて之を蕪穢にし、二十篇の多きに至る。蔡季通十に二を刪去して其の八を存す。呉伯清又た蔡氏の未だ蘊奥を尽くさざるを病み、至純なる者を択んで内篇と為し、精粗純駁相半ばする者を外篇と為し、粗駁は当に去って姑く存すべき者を雑篇と為す。新喩の劉則章親しく之を呉氏に受け、之が註釈を為り、頗る発明有り。」

『四庫全書総目提要』曰く、「璞の本伝の載を攷うるに、璞は河東の郭公（卜筮に精通、本名不明）に従いて青嚢中書九巻を受け、遂に天文五行卜筮の術に洞るし。璞の門人趙載、嘗て嚢書を竊み、火の焚く所と為る。其の嘗て葬書を著すを言わず。唐志に葬書地脈経一巻葬書五陰一巻有り、又た璞の作る所と言わず。惟だ宋志に璞の葬書一巻有り、是れ其の書宋自り始まるなり。今此の本分かつ所の内篇外篇雑篇は蓋し猶お呉氏の旧本のごとし、註の仍お劉氏の書為ると否とに至っては則ち攷うべからず。書中の詞意は簡質、猶お術士の文義に通ずる者の作りし所のごとし。必ず以て璞の手自り出づと為せば、則ち徴信す可きなし。或いは世、璞の母を暨陽に葬り、卒に水患を遠ざくるを見て、故に是の書を以て之に帰するか。……宋志本と葬書に名づく、後来の術家の其の説を尊ぶ者名を葬経に改む。毛晋汲古閣刻本も亦た其の誤りを承く、殊に失考と為す。」

龍城録　唐・柳宋元撰

唐の明皇（玄宗）が8月中秋の夜に月にある広寒宮清虚殿に遊んだという幻想的な話として広く知られている伝承

は、この『龍城録』にもとづいている。この書は、『京都大学人文科学研究所漢籍分類目録』子部第十二小説家類二異聞之属に、「龍城録一巻　柳宗元撰」として著録されている。そして、この書を収めている『説郛』『歴代小史』『唐人説薈』『唐代叢書』などの叢書を列挙している。しかし、この書の撰者については早くも宋代に疑問が出されていて、宋の陳振孫『直斎書録解題』巻11小説家類に、「俗柳宗元撰、龍城謂柳州也、羅浮梅花夢事出其中、唐志無此書、蓋依託也、或云王銍性之作」（俗に柳宗元の撰、龍城とは柳州を謂うなり、羅浮梅花夢の事、其の中に出づ、唐志（唐書芸文志）に此の書なし、蓋し依託なり、或ひと王銍・性之の作と云う）との偽書説を提出している。王銍は北宋末から南宋の詞人、宋代の故事に長じていたという。

　『四庫全書総目提要』巻144子部小説家類存目2には、かなりくわしい考証が記されている。

　　旧本題唐柳宗元撰、宋葛嶠始編之柳集中、然唐芸文志不著録、何遠春渚紀聞以為王銍所偽作。朱子語録亦曰、柳文後龍城録雑記、王銍之為也。子厚叙事文字多少筆力、此記衰弱之甚、皆寓古人詩文中不可知者於其中、似暗影出。* 今観録中所載、帝命取書事、似為韓愈調張籍詩、天官遣六丁雷電下取二句作解。** 趙師雄羅浮夢事、似為蘇軾梅花詩月下縞衣来扣門作解。*** 朱子所論深得其情。荘季裕作雞肋篇、乃引此録、駁金華図経、季裕与銍為同時人、或其書初出、偽

迹未露、故不暇致詳歟。然自南宋以来、詞賦家已沿為故実、不可復廃。是亦王充所謂俗語不実、流為丹青者矣。＊＊＊＊

(旧本、唐柳宗元撰と題す、宋の葛嶠始めて之を柳集中に編す。然れども唐芸文志著録せず、何遽の春渚紀聞以て王銍の偽作する所と為す。朱子の語録も亦た曰く、柳文の後の龍城録雑記は、王銍の為なり。子厚(柳宗元の字)の事を叙する文字は多少筆力あるか。此の記は衰弱これ甚だし、皆古人の詩文中の知る可からざる者を其の中に寓し、暗影の出づるに似たり、と。今、録中に載する所を観るに、「帝書を取ると命ず」の事は、韓愈の「張籍を調す」の詩の「天官六丁を遣わし雷電して下って取将せしむ」の二句の為に解を作す。「趙師雄羅浮に夢みる」の事は、蘇軾の梅花詩の「月下に縞衣来りて門を扣く」の為に解を作す。朱子の論ずる所深く其の情を得たり。荘季裕「雞肋篇」を作り、乃ち此の録を引き、金華図経を駁す、季裕は銍と同時の人為り、或は其の書初めて出でて、偽迹未だ露われず、故に詳らかにするを致すに暇あらざるか。然れども南宋自り以来、詩賦家已に沿いて故実と為し、復た廃す可からず。是れ亦た王充の所謂俗語は実ならず、流れて丹青と為る者なり。)

＊『朱子語類』巻138雑類「不可知」を「不可暁知底」に作る。末尾に「偽書皆然」の4字あり。

＊＊『韓昌黎集』巻5。

＊＊＊『蘇軾詩集』巻33「次韻楊公済奉議梅花」十首「其一」。
　＊＊＊＊『論衡』「書虚」篇。

『偽書通考』子部小説家類には、

　　龍城録二巻　偽　唐柳宗元撰

と記して、何薳『春渚紀聞』、朱熹語録、陳振孫『直斎書録解題』、胡応麟『四部正譌』、『四庫提要』を引用しているが、『四部正譌』は、初めての引用なので、以下に記しておく。胡応麟は明代後半の蔵書家。

　　龍城録、宋王銍・性之撰、嫁名柳河東。銍本意仮重、
　　行其書耳。今其書竟行、而子厚受誣千載。余嘗笑河東
　　生平抉駁偽書如鬼谷鶡冠等、＊千百載上無遁情、真漢
　　庭老吏。日後乃身為宋人誣衊不能弁、大是笑資。然亦
　　亡足欺識者也。
　　（龍城録は宋の王銍・性之の撰、名を柳河東に嫁す
　　（おしつける）。銍の本意は仮りに重んじて、其の書を
　　行うのみ。今其の書竟に行われて、子厚誣を千載に受
　　く。余嘗て河東が生平、偽書鬼谷鶡冠等の如きを抉駁
　　して、千百載の上遁情無く、真に漢庭の老吏なるを
　　笑う。日後乃ち身みずから宋人の為に誣衊せられて、
　　弁ずる能わず、大いに是れ笑いの資なり。然れども亦
　　た識者を欺くに足る亡きなり。）

＊柳宗元に「弁鬼谷子」「弁鶡冠子」などの弁偽の文がある。

『中国偽書綜考』は、旧来の弁偽説を敷衍(ふえん)しているだけで、特に目新しい考察はない。

以下に中国古典籍を史料として利用する場合に、参照すべき偽書関係の文献を挙げて、それぞれの特徴をも記しておいたので座右に置いて一瞥(いちべつ)していただければ幸いである。

姚際恒(ようさいこう)『古今偽書考』
『叢書集成初編』所収本があるが、顧頡剛(こけつごう)主編『古籍考辨叢刊』第１集所収（1955年）、またこれを単行した顧頡剛校点（香港・太平書局、1962年）が利用に便である。

姚際恒は清初の学者。本書は経類で「易伝」「古文尚書」「孔子家語」などを、史類で「竹書紀年」「漢武故事」「西京雑記」などを、子類で「関尹子(かんいんし)」「文中子」「列仙伝」などが偽撰であることを論じ、さらにその後に、「真書にして雑(まじ)うるに偽を以てする者有り」「本(もと)は偽書に非ずして後人妄(みだ)りに其の人の名に託する者有り」「両人此の一書名を共にして今に伝わり、何人の作たるかを知らざる者有り」「書は偽に非ずして書名偽なる者有り」「未だ其の書を著わす人を定むるに足らざる者有り」の諸項目を設けている。

顧頡剛主編『古籍考辨叢刊』第一集

中華書局、1955年。

本書には「唐人弁偽集語」「朱熹弁偽集語」「四部正譌」「古今偽書考」「詩疑」「書序弁」「左氏春秋考証」「論語弁」「子略」「諸子弁」など、唐代以後の「通論」「経学」「子学」にわたる弁偽考証の文を網羅(もうら)している。弁偽考証に参加しているのは、顧頡剛、張西堂、白寿彝(はくじゅい)、趙貞信である。第2集以後が出版されたかどうか分からない。

黄雲眉『古今偽書考補証』

斉魯書社、1980年（山東人民出版社、1964年の再版）。

黄雲眉は1977年に亡くなった現代中国の学者。原著は1932年に出版され、1959年に重印され、また1964年に再版された。本書は姚際恒の書にもとづいて、黄雲眉の「補証」を後に附している。例えば、「易伝」では、『古今偽書考』の原文をまず掲げ、次に「補証」で「崔述曰」としてその『洙泗考信録』(しゅしこうしんろく)を引き、さらに皮錫瑞(ひせきずい)『易経通論』を引き、最後に「眉按」という黄雲眉の按語を加えている。

張心澂『偽書通考』

台湾商務印書館、上下、1970年（上海・商務印書館、1939年の再版。また、上海・商務印書館、1957年は横組）。

張心澂は現代の学者であるが、生没などの詳細は不明。本書は1939年に出版された。本書に収録されて弁偽の対象とされた書は1059部である。

最初に「総論」を置いて「弁偽之縁由」「贋之程度」「偽

書之来歴」「作為之原因」「偽書之発現」「弁偽律」「弁偽方法」「弁偽事之発生」を論じ、その後に、経（73部）、史（93部）、子（317部）、集（129部）、道蔵（31部）、仏蔵（416部）の6部に分けて弁偽考証している。その論じかたは、例えば、「連山易十巻」と標記し、その下に「偽」と記し、続いて、「連山」についての記事を掲示し、さらに黄伯思『東観餘論』以降、崔述『崔東壁遺書補』（上古考信録）に至るまでの弁偽考証の議論を引用している。また例えば、『春秋左氏伝』については、まず、「誤認撰人、或疑改造」と記した後、なんと61頁にもわたって偽書としての論議を引用し、なかには最近のカールグレンの *On the Anthenticity and the Nature of the Tsochuan*（陸侃如訳「左伝真偽考」）までも引用されていて、最後に「心澂按」に始まる「按語」が加えられている。本書は弁偽に関する古い文献や必要な文献（『四庫全書総目提要』をも含めて）を網羅しているので、手っ取り早く調べるのに便利である。

鄭良樹『続偽書通考』
台湾・学生書局、上中下、1984年。
　鄭良樹は現代の学者。本書は130部の書について、『偽書通考』以降の学術雑誌に載せられた近現代学者の弁偽に関する論文の要旨を摘録している。

余嘉錫『四庫提要弁証』

北京・科学出版社、1958年（1969年、台湾・芸文印書館、『四庫全書総目提要』（10冊本）の第9、10冊　所収）。北京・中華書局、2007年（4冊、書名索引を附す）。
　本書はすべてが偽書の考証ではない。経・史・子・集に分けて、『四庫全書総目提要』の説明を補っている。民国26年（1937）に史部、子部が先に出版され、1958年に経部、集部を加えた排印本1冊が出版された。考証の対象となった書は約500種あり、なかでも子部医家類、小説家類、道家類の考証は綿密精核である。余嘉錫は1883年に生まれ1955年に亡くなった。輔仁大学で教え、『目録学』『古籍校読法』の著述のほか、論文集『余嘉錫論学雑著』（中華書局、1963年）は没後に周祖謨(しゅうそ は)が編集したもの。

鄧瑞全・王冠英主編『中国偽書綜考』
合肥・黄山書社、1998年。
　本書は、北京師範大学、人民大学、中国歴史博物館、北京市社会科学院などに属する多くの学者がそれぞれ得意とする分野を分担して偽書について考証した、共同作業の成果であり、経、史、子、集（詞曲を含む）、道蔵、仏蔵、近代偽書の7部にわたって、これまでの『四庫全書総目提要』『四庫提要弁証』『古今偽書考』『古今偽書考補証』『偽書通考』『続偽書通考』などの成果を継承しながら、偽書の考証を行っていること、道教文献や仏教文献をも含んでいること、さらに近代史の文献についても偽書、偽作として知られているものをも掲げている。おそらく本書はこれ

までの弁偽書のなかで最も網羅的なものであろう。ただし、『四庫提要弁証』でせっかく余嘉錫氏が詳細精密な弁証をしているにも拘らず引用されていない書物もあって(『列仙伝』『南方草木状』など)、やはり『四庫提要弁証』はぜひ目を通すべきである。

四. 文中で皇帝の諱（いみな）などを避け文字を改める習慣がある

　王朝時代には、本朝の君主およびその祖、父の名は直書したりそのまま呼んだりはできなかった。いろいろの方法で回避した。欠筆、留空、あるいは他の字で代替する。このようなことを避諱と称した。この風習は周秦時代に始まり、隋唐時代に盛んになり、宋代に厳しくなった。宋代では皇帝の名を避けて諱むだけでなく、音が同じ字だったり、音が近い字だったりしても避けなければならなかった。元代は皇帝の名字は蒙古文字を用いたが、それを漢字に訳して音読したので統一しにくかったから、避諱はきわめて少なかった。明代初期は元の習俗を承けたので、避諱はあまり問題にならなかったが、万暦年間から次第に厳密になってきた。清代になると、順治朝までは一般に避諱を行わなかったが、康熙時代に全面的に復活し、雍正、乾隆時代には極点にまで達した。乾隆42年（1777）、江西の挙人・王錫侯が進呈した著作『字貫』の中に高宗・乾隆帝の名が書かれていたので「大逆不法、為従来未有之事、罪不容誅」（大逆不法にして、従来未だ有らざるの事たり、罪は誅を容さず）として処罰された。

　陳垣はその名著『史諱挙例』の序文で以下のように述べ

ている。

　その流弊は古文書を混乱させるが、しかし、反ってこれを利用すれば古文書の疑滞を解決でき、古文書の真偽や時代を弁別できるので、識者には便利である。蓋し、諱字は各朝で異なっているから、時代の標識となり、これより前とか、これより後とかには、その避諱字はありえない。これは欧州古代の紋章と類似している。たまたま同じものがあっても、方法によって識別できる。避諱を研究してこれを校勘学および考古学に応用することを避諱学と呼ぶ。避諱学もまた、史学の一補助学である。

　そこで、主として『史諱挙例』にもとづきながら、他書をも参照しつつ、古典を読むに際して有益な避諱の例をとりあげて解説してみよう。なお、陳垣の引用をすべて原文にあたっておいたので、本文と異なる場合があり、また正史については、最近の学生が使用する活字印刷の標点本でどうなっているかを指摘しておいた。

避諱に用いられる方法
　常用の方法には（1）改字、（2）空字、（3）欠筆の三つがある。

(1) 改字の例

『史記』「秦始皇本紀」に、「二十三年、秦王復召王翦使将撃荊」(二十三年、秦王復た王翦を召して将として荊を撃たしむ)とあり、その正義は、「秦号楚為荊者、以荘襄王名子楚、諱之、故言荊也」(秦の楚を号して荊と為すは、荘襄王の名は子楚なるを以て、之を諱む、故に荊と言うなり)と説明している。荘襄王は始皇帝の父。

また、『史記』「秦楚之際月表」「端月」の索隠*は、「端」について、「二世二年正月也、秦諱正、故云端月也」(二世の二年正月なり、秦は正を諱む、故に端月と云うなり)と説明している。

「琅邪台刻石」(「秦始皇本紀」二十八年条)には「端平法度」「端直敦忠」などの記述があるが、これらは「正」を「端」に代えているのである。始皇帝の名は「政」なので、兼ねて「正」をも諱むのである。

> *以下、『史記』には次の三家による注釈があることを知っておいていただきたい。
> 史記集解(劉宋・裴駰)／史記索隠(唐・司馬貞)／史記正義(唐・張守節)。

漢は秦の制度を継承した。

『漢書』「高帝紀」上の注に「荀悦曰、諱邦、字季、邦之字曰国」とあり、これを唐の顔師古の注が説明して、「曰、邦之字曰国者、臣下所避以相代也」(邦の字を国というの

は、臣下が避けて代えたのである）という。

　後漢・建武以後の碑刻には避諱していない例が見られる。例えば、光武帝の諱は秀であるが、「（光和四年）漢童子逢盛碑」には「苗而不秀」（『隷釈』巻10）となっていて、「秀」を避けていない（実は「秀」に作っている）。漢代では避諱はあまり厳重には行われていなかったことが分かる。六朝以後になって避諱が次第に厳重になってくる。

(2) 避諱して空字（空格）にする例

　字を空けて書かない、あるいは刻さない。あるいは「某」としたり、あるいは直接「諱」の字をあてる。

　『史記』「孝文本紀」に「子某最長、純厚慈仁、請建以為太子」（子某は最長、純厚にして慈仁、建てて以て太子と為さんと請う）とあるが、「某」というのは孝景皇帝、諱啓である。

　『説文解字』禾部で光武帝の諱、艸部で明帝の諱、火部で章帝の諱、示部で安帝の諱はみな、注して「上諱」として、その字を空けて注していない。

　『南斉書』*は梁・武帝の父・順之の諱について「順」の字はみな改めて「従」とし、「順」という名に遇うと空格にしている。汲古閣本（明・毛晋）の『南斉書』は旧体を残している。『南斉書』「豫章文献王嶷伝」で、「入為宋従帝車騎諮議参軍府掾」の下に注して「北雍本作順、宋本諱」としている。**その後の文の、嶷が武帝に上った啓に「前侍幸□宅」の語があり（北京・中華書局刊の活字標点

081

本は「前侍幸順之宅」に作る)、□の下の注に「順之、宋本
諱」とある。これは蕭順之宅に幸したということであり、
そこで子顕はその字を空格にしたのである。＊＊＊

> ＊北京・中華書局刊の活字標点本『南斉書』は商務印書館影印宋
> 大字本（百衲本）を底本として、明の南監本、北監本、汲古閣
> 本、清の武英殿本、金陵書局本を参校したという。したがっ
> て、陳垣の説明とは合致しないので、活字標点本の説明を引用
> する。
> ＊＊北京・中華書局刊の活字標点本では「校勘記」に「按順帝作
> 従帝、乃蕭子顕避梁諱改、南監本、殿本並改為「順帝」」と記
> 載している。
> ＊＊＊同上本の校勘記は、「「順之」二字原作「諱」、蓋子顕原文
> 如此、今従殿本改」と記載している。

『南斉書』「魚腹侯子響伝」では、蕭順之については□と
なっており、その下の「順」字に注し、さらに圏がつけら
れ「宋本諱」となっている。これらは今本ではみな直書し
ているが、それは唐代に編纂された『南史』によって改め
られたのであろう。

> ＊活字標点本では「校勘記」には、「「順之」二字原作「諱」、今
> 據殿本改」とある。

『宋書』「文帝紀」の元嘉13年9月に「立第三皇子諱為
武陵王」とある。第三皇子とは孝武帝駿である。

> ＊北京・中華書局刊の活字標点本『宋書』は「諱」を「駿」に作

っている。この標点本は、北京図書館所蔵宋元明三朝遞修本、明北監本、汲古閣本、清の武英殿本、金陵書局本、商務印書館影印三朝本（百衲本）を互校し善を撰んだという。

（3）避諱欠筆の例

避諱欠筆は唐代に始まる。それ以前の刻石には別体字が多くて、どれを避諱とするのか決められない。唐碑の欠筆の例を挙げてみよう。以下は『金石萃編』巻42第10葉所載の王昶の按語「附攷碑文避字諱」を参照。

（貞観二年）等慈寺塔記銘　王世充を王充と称している。

（貞観十四年）姜行本碑「愍彼蒼生」、太宗の諱を避けて「愍」の代わりに「愍」をあてている。

次の高宗の時代でも、乾封元年贈泰師孔宣公碑「生民以来」の「生民」を「生人」としているし、「愚智斉泯」の「泯」を「泜」としている。

乾封元年于志寧碑「世武」の「世」の字を「卋」の字にしている。

（4）避諱改音の例

避諱改音も唐代に始まる。しかし、多くは実行されず、その説があるだけである。

（5）避諱改姓

『通志』巻30氏族略六・避諱第八。

籍氏は項羽の諱を避け、席氏と改めている。荘氏は後漢の明帝の諱を避けて、厳氏と改めている。師氏は晋の景帝の諱を避けて、帥氏(すい)と改めている。姫氏は唐の明皇の諱を避けて、周氏と改めている。淳于氏(じゅんう)は唐の憲宗の諱を避けて、于氏と改めている。

(6) 避諱改名

3種ある。(1) その名を改める。(2) その字を称する。(3) その名の一字を去る。

【名を改めた例】

『漢書』「孔光伝」「(孔覇の曾孫)莽、元始元年、莽更封襃成侯、後避王莽、更名均」(莽(ほうせい)は、元始元年、莽更めて襃成侯を封じ、後王莽を避け、更めて均と名づく)とあるが、孔子の子孫の孔莽が、王莽の名を避けて均としたのである。

『晋書』「鄧嶽伝(とうがく)」「本名岳、以犯康帝諱、改為嶽、後竟改名為岱焉」(本(もと)の名は岳、康帝の諱を犯すを以て、改めて嶽と為す、後竟(つい)に名を改めて岱(だい)と為す)。「康帝諱」とは、「康帝紀」に「康皇帝、諱岳」とある。

『南斉書』「蕭景先伝」「建元元年、……景先本名道先、乃改避上諱」(建元元年、……景先本(もと)の名は道先、乃(すなわ)ち上の諱を改め避く)。上とは太祖高皇帝・蕭道先(しょうどうせん)をいう。そこで、「道先」を避けて「景先」と記している。

【字(あざな)を称した例】

『宋書』「孔季恭伝」「孔靖字季恭、……名与高祖祖諱同、

故称字」(名は高祖の祖の諱と同じ、故に字を称す)。『宋書』「武帝本紀」上「混生東安太守靖、靖生郡功曹翹、是為皇考」(混は東安の太守・靖を生み、靖は郡功曹翹を生む、是れ皇考為り)。皇考すなわち高祖・劉裕の父で、諱が翹であった。

『北斉書』「趙彦深伝」「本名隠、避斉廟諱、故以字行」。北斉高祖(高歓)の六世の祖は名が隠である(『北斉書』「神武帝紀」上)。

『隋書』「文学伝」「王貞字孝逸」。斉王に啓を与えた時、自分のことを字の孝逸を用いて名の貞を用いなかった。「孝逸生於戦争季」(孝逸は戦争の季に生まる)とある。これは隋文帝の祖の名、禎を避けたのである。

『新唐書』「劉子玄伝」「劉子玄、名知幾、以玄宗諱嫌、故以字行」。一般に『史通』を著した学者の劉知幾として知られている。玄宗の諱は隆基である。

【名の一字を去った例】

『旧唐書』「裴行倹伝」「父仁基」。光庭は行倹の子。「裴光庭神道碑」では、祖父の名を避けて基の字を去っている。

『新唐書』「裴矩伝」では「矩」であるが、宰相世系表一上では世矩となっている(世矩、字弘大、相高祖)。おそらく唐代になってから太宗の諱を避けて世の字を去ったのであろう。

『新五代史』「前蜀世家」王建「黔南節度使王肇以其地降于建(王建)」。王肇のもとの名は(王)建肇であるが、蜀

主王建の諱を避けて、ただ肇とだけ称した。

(7) 諱を避けて官を辞した例

『南史』巻44「斉・文恵太子長懋伝」「(宋・元徽末) 転秘書丞、以与宣帝諱同、不就」(秘書丞に転ずるも、宣帝の諱と同じきを以て、就かず)。宣帝は高帝・蕭道成の父で諱は承之、長懋の曾祖である。丞 chéng、承 chéng。

また、劉宋の范曄は太子詹事となったが、父の名が泰であったので辞して拝しなかった。太＝泰と解するのは、当時の風習であった。

(8) 避諱して官名を改めた例

『晋書』「職官志」「太宰太傅太保、周之三公官也。……晋初以景帝諱故、又採周官官名、置太宰、以代太師之任」(太宰・太傅・太保は、周の三公の官なり。……晋初、景帝の諱を以ての故に、又た周官の官名を採り、太宰を置き、以て太師の任に代う)。

晋の景帝の諱は「師」である。

『通典』巻21 職官三・中書省の項によると、「隋初、改中書為内史」(隋初、中書を改めて内史と為す)とあり、また門下省の項に、「隋又改侍中為納言。煬帝大業十二年、又改納言為侍内」(隋も又た侍中を改めて納言と為す。煬帝の大業十二年、又た納言を改めて侍内と為す)とある。その「侍内」の割注に、「隋氏諱忠、故凡中皆曰内」(隋氏の諱は忠、故に凡そ中は皆内と曰う)と説かれている。始

祖・楊堅の父の諱が忠であるのを避けて、同音の中をすべて内と改めたのである。

『旧唐書』「高宗本紀」「貞観二十三年六月、改民部尚書為戸部尚書……、七月、改治書侍御史為御史中丞、諸州治中為司馬、別駕為長史、治礼郎為奉礼郎」(貞観二十三年六月、民部尚書を改めて戸部尚書と為す……、七月、治書侍御史を改めて御史中丞と為し、諸州治中を司馬と為し、別駕を長史と為し、治礼郎を奉礼郎と為す。)

(9) 避諱して地名を改めた例

秦では始皇帝の父・荘襄王・子楚の諱を避けて、楚を改めて荊とした。漢では文帝の諱を避けて恒山を改めて常山とした。

清・銭大昕『十駕斎養新録』巻11に「避諱改郡県名」という条があって参考になる。清朝では、弘→宏、玄→元、胤→引のような例があり、たいへん困惑させられる。

(10) 避諱により干支の名を改めた例

唐の高祖の父は名が昞であったから、唐人は丙を諱んだ。凡そ丙は景と改めた。「万歳通天二年石刻浮図銘」(『金石萃編』巻62「馮善廓造浮図石造銘」)では、丙申を景申としている(王昶も按語で同様の指摘をしている)。万歳通天2年は唐の則天武后期の年号で西暦697年。

『晋書』『梁書』『陳書』『北斉書』『周書』『隋書』『南史』『北史』の八史はみな、唐代に編纂されたから、「丙」をみ

な「景」にしている。

（11）避諱して経伝の文を改めた例

『隷釈』引用の漢石経残碑の『論語』『尚書』の「邦」の字はたいてい「国」に改められている。漢の高祖劉邦の諱を避けたのである。

『梁書』「蕭子恪伝(しょうしかく)」「殷鑑不遠、在夏后之代」、姚思廉が『梁書』を撰修したのは唐の貞観の世。太宗の名を回避しなくてもよいので、「世」を「代」に改められているのは、高宗以後の人が転写した時に改めたのであろう。

『新唐書』「五行志」一に、「考其説、初不相附属而（劉）向為五行伝、乃取其五事・皇極・庶證附於五行」（其の説を考えるに、初めは相附属せず、而(しか)るに（劉）向五行伝を為(つく)り、乃(すなわ)ち其の五事・皇極・庶證を取りて五行に附す）とある。文中の「證」（zhèng）は本来は「徵」（zhēng）の字であり、「五行志」を編纂した宋人が宋仁宗の名「（趙）禎」（zhēn）を避けて改めたのであろう。

（12）避諱により常用語を改めた例

『後漢書』「五行志」「建光元年、京都及郡国二十九」。京師を京都と改めたのは晋の武帝の伯父景帝の諱・師を避けたためである。『三国志』「魏志・文帝紀」「黄初元年、京都有事於太廟」（京都、太廟に事(まつ)る有り）。京邑に作ることもある。師傅を保傅に、太師を太宰に改めた。

『晋書』「刑法志」「令景」は「令丙」、唐の諱を避けた。

前の「(10) 避諱により干支の名を改めた例」を参照。

『南斉書』「王倹伝」「太祖従容謂倹曰……対曰「天応民順、庶無楚漢之事」」(太祖従容(しょうよう)として倹に謂(い)いて曰く……対えて曰く、「天応じ民順う、楚漢の事無きに庶(ちか)し」)。「民順」を宋本では「民従」としている。梁・武帝の父・順の諱を避けた。*

> *「民従」殿本作「民順」。按蕭子顕避梁諱、順字皆改作従、殿本作「順」、乃校書者以意改易也。(「民従」を殿本は「民順」に作っている。按ずるに〔『南斉書』撰者の梁の〕蕭子顕は梁の諱を避けて、「順」の字を皆改めて「従」に作ったが、殿本は「順」に作っている。これは校書者が意を以て改易したのである。)(北京・中華書局刊・活字標点本『南斉書』校勘記)

(13) 清初の書籍で「胡」「虜(ろ)」「夷(い)」「狄(てき)」を避けた例

雍正11年(1733)4月の勅諭により本朝の書籍を刊行する場合、「胡」「虜」「夷」「狄」などの字に遇えば、つねに空白にするか、形声を改めるかにすべきである。例えば、「夷」は「彝(い)」に、「虜」は「鹵(ろ)」に。しかし、乾隆42年(1777)11月の勅諭で、経書の中で『論語』の「夷狄之有君」、あるいは『孟子』の中の「東夷」「西夷」は改める必要はないとされた。

以上は『史諱挙例』にもとづいて取捨選択し解説した。

(14) その他の注意事項

①唐人避諱の法(清・趙翼『廿二史剳(さつ)記(き)』巻8)

唐代の人が史書を撰修する時、祖の諱を避けるのに三つの法があった。例えば虎の字、淵の字のような場合、前人の名にそれと同じものがあるとか、字があれば、その字を用いる。『晋書』で燕王・公孫淵は公孫文懿(ぶんい)と称され、劉淵(えん)は劉元海と称され、褚淵(ちょえん)は褚彦回(ちょげんかい)と称され、石虎は石季龍(りゅう)と称されている。さもなければ、犯している文字を削る。『梁書』の蕭淵明、蕭淵藻はただ蕭明、蕭藻とだけ称される。文義によってその文字を改めることもある。虎の文字があれば猛獣の名に改める。李叔虎は李叔彪(りしゅくひょう)。その他、殷淵源は殷深源、陶淵明は陶泉明のような例がある（以上は、唐の高祖の名が淵、その祖の名が虎であることにもとづいている）。

②嫌名*：発音が似かよって紛らわしい人名（清・趙翼『陔(がい)餘(よ)叢(そう)攷(こう)』巻31）

　嫌名は諱まないことは、韓愈の「諱弁」（『韓昌黎集』巻12）ですでに詳論されている。しかし、隋の文帝（楊堅）は父の名・忠によって、およそ官名に「中」の文字があればすべて改めて「内」の文字とした。唐代になって嫌名を諱む者がさらに多くなって、賈曾(かそう)は中書舎人に抜擢されたが、父の名が忠であったので嫌名を引用して拝受しなかった。論議する者が礼を引いて説得したので始めて受けた。蕭復は晋王の行軍長史であったが、徳宗はその父の名が衡であることから、統軍長史と改めた。

　詩人で有名な李賀は科挙の進士科に応じたが、彼の父の名が晋であったので当時の流俗として非難されたけれど、

これは別に咎めるべきことではない（韓愈「諱弁」）。

③二名＊：名が二文字（『陔餘叢攷』巻31）

『旧唐書』太宗本紀の武徳９年の令にいう。「礼に依れば、二名は偏諱せず、と。近代以来、両字は兼ねて避けていて、字を廃したり欠いたりしていて、意のままに行われ、経典に違うことがある。今の官職の号や人名は、公私の文書で、世民と両字を続けていないものがあるが、決して諱む必要はないのである」と。そのことは太宗の詔で非常に明らかである。しかし、唐の人は、この２字に遇うと、連続してはいなくても、やはり避けている。「世」を避けて「代」とする、のように。代宗は世宗の称にもとづく。また「民」を避けて「人」とする。「民部」を改めて「戸部」とする。李安民を改めて李安人とするのがそうである。ただし、虞世南(ぐせいなん)は世の字を改めていない。それは世南は太宗の時に亡くなったので、まさに太宗の詔書の趣旨に従ったのである。その後、李世勣(りせいさく)はただ李勣と称したのであるから、高宗の時にはすでに世の字を諱んでいたのである。

＊『礼記』曲礼上「卒哭乃諱、礼不諱嫌名、二名不偏諱」（卒哭(そっこく)すれば乃ち諱む、礼は嫌名を諱まず、二名は偏諱せず。）

卒哭とは、死後身分に応じた一定の期間を過ぎると、しじゅう「哭」するのをとどめることであり、その後は死者を神として廟に祭り、生前の名を称するのを忌み避ける。

嫌名とはまぎらわしい発音の人名。禹と雨との類。また、君父などの名と音声が相近くてまぎらわしい名であり、もと嫌名

は避諱しなかった。後世、諱の法が厳しくなるにつれて、嫌名も避けるようになった。

二名、つまり二字の名、は半分は忌まない。鄭玄(じょうげん)の注には、「孔子の母は徴在であり、孔子が在といえば徴というのを避け、徴というときは在の方を避けた」とある。

④避諱の及ぶ範囲

同一朝廷にあっては、4代の高祖にまで及ぶという。例えば清朝では、道光帝の時代にあっては、帝の父・嘉慶帝、その父・乾隆帝、さらにその父・雍正帝、そのまた父の康熙帝までの諱を避ける。

⑤国諱・家諱と聖人・孔子

国諱(公諱)

国号を避けるという例は多くないが、明・田汝成『西湖游覧志余』巻1によると、銭塘の地名は、もと銭唐であったのが、唐代に国号を避けて土を加えて銭塘としたのだという。しかし、確証はない。

家諱(私諱)

漢・劉安　父の名・長→修(『淮南子(えなんじ)』)

『紅楼夢』第2回に林黛玉(りんたいぎょく)は読書していて、母の諱「敏」(min)の字に遇うと「密」(mi)と発音し、書く場合には一、二筆減じたという。

漢魏時代までは家諱すなわち私諱を避けることはあまり重視されなかったが、晋代になってから家諱が厳重になってきた。

晋の王舒は、父の名が會、そこで會稽内史に任命されたのを辞退したので、詔によって會稽を鄶稽と改めた(『晋書』「王舒伝」)。

　晋の王羲之は曾祖の名・覽を避けた。「蘭亭叙」では覽を攬に作り、父の名・正を避けて、正月を初月もしくは一月といい、その他は正を政の文字で代用している。

　聖人とされる孔子の名は「丘」であるから、欠筆して「𠀁」と書かれたり、人名では「邱」と改められる。

⑥太平天国における避諱について

　これまで陳垣などは、太平天国に避諱があることに注意していなかったので、王建『中国古代避諱史』(貴州人民出版社、2002年)巻8-5「太平天国避諱概述」を紹介しておく。

　太平天国の農民反乱(1851～64年)といえば、伝統文化に全面的に反抗したと考えられているのであるが、こと避諱についていえば、洪秀全は南京に都を定めた後、『萬国来朝及敬避字様詔』という避諱制度に関する詔書を発布した。これによれば、上帝爺火華の諱については、爺は爹に、火は炎に改め、華には縦線を加える、耶穌の耶は「也」「乎」「哉」に改め、穌は「蘇」あるいは「甦」に改めるなどと規定されている。その他、洪秀全については、洪は鴻または宏に代え、秀は綉または繡に代え、全は銓または詮に代えるよう規定されている。

避諱についてのまとめ

以上の避諱の解説の要点を簡単に反復しておく。

名　字

孔子　名→丘　字→仲尼(ちゅうじ)

顔回　名→回　字→淵

唐・太宗　諱・世民　諡・文皇帝　廟号・太宗（『唐書』本紀）

唐・玄宗　諱・隆基　諡・孝皇帝　廟号・玄宗（『唐書』本紀）

清・康熙帝　諱・玄燁

避諱の方法と改めた字

①字義により他の字で本の字に代える

　漢・高祖の諱は（劉）邦→国

　隋・文帝の父の名は（楊）忠、同義の誠に改めるか、同音の中に改める。

　唐・太宗の諱は（李）世民→代・系・人

②欠筆、欠画

　世民　世の字画を欠く　卅、世

　玄燁　玄の字画を欠く　玄

③字体を変更または字体を類似する他の字体を代用する

　後漢・光武帝の諱・秀→秀

④正文を用いる

　後漢・和帝の諱・肇→肇

⑤仮借(かしゃ)通用の字を用いる

晋の書家・王羲之の父の名は正→政
⑥諱の本字を削りとる
　　斉の太祖の諱は道成、道の字を削る
⑦字に偏旁を添える
　　晋・愍帝、名は業、それで都・建業の業に阝を添えて鄴とし、建鄴と改称。

避諱の参考文献
[日本語では少ない]
中山久四郎「支那歴代避諱通考」(『史学雑誌』第12編第5〜7号、明治34年)はいかにも古い論考のようであるが、今日なお有用さを失っていない
諸橋轍次『諸橋轍次著作集』第4巻「支那の家族制・名字諱諡篇」(大修館書店、1975年)の「経史八論 第3節・諱」
王建『史諱辞典』汲古書院、1997年。中華書局、2012年
武田時昌ほか『漢籍はおもしろい』所収の井波陵一「使えない字——諱と漢籍」研文出版、2008年
豊国国夫『名前の禁忌習俗』(講談社学術文庫、1988年) 6. 中国古代の避諱習俗
[中国語]
清・趙翼『陔餘叢攷』巻31　避諱、嫌名、二名、古人臨文避諱之法
清・趙翼『廿二史劄記』巻8 (晋書)　唐人避諱之法
清・顧炎武『日知録』巻23　已祧不諱、皇太子名不諱、二名不偏諱、嫌名、以諱改年号、前代諱
清・黄本驥『避諱録』5巻、道光26年

清・周広業『経史避名彙考』(抄本) 46 巻、嘉慶 2 年（台湾・明文書局、1981 年）

民国・張惟驤『歴代諱字譜』上下（『小雙寂庵叢書』9）1932 年

民国・陳垣『史諱挙例』1933 年、勵耘書屋刊、1962 年、北京・中華書局排印本

王彦坤編『歴代避諱字匯典』鄭州・中州古籍出版社、1997 年

五．文中に反切などの発音表記がある

　中国の古典を開くと、本文の注に「□音、△」、あるいは「□、△△切（反）」のような記載が出てくる。こういう記載は今日のようにローマ字で発音を表記する方法がなかった時代に、別の漢字によって難読の漢字、もしくは誤って発音しやすい漢字の音を表記していたことを示しているのである。今日では、台湾では注音字母(ちゅうおん)、大陸では拼音(ピン)字母によって難読字の発音も容易に表記できるようになった。実際、今日でも現代文しか学習していない中国人留学生に古典を音読させると、二通り以上の発音のある漢字、例えば「数」（shū、shù、shuò、cù、sù）などは、しばしば発音を間違える。そういう次第だから古典、特に初学入門に用いられるような『四書』には発音上の注意が記してある。そこで、宋代の朱熹(しゅき)の注した『論語集注』を例にとりあげて解説してみよう。開巻冒頭の「学而」篇、その第１句。

　　子曰、学而時習之、不亦説乎。説、悦同。（子曰く、学んで時に之を習う、亦た説(よろこ)ばしからずや。)

　ここでは「説」は「悦」と意味が同じというだけでな

097

く、発音も同じだと注意しているのである。つまり、「説」はyuè（エツ）と発音するのである。実際、漢和辞典を開いてみると、「説」にはshuō（セツ）、shuì（ゼイ）、yuè（エツ）と三つの発音が記されているだろう。

　　有朋自遠方来、不亦楽乎。楽、音洛。（朋有り遠方自り来る、亦た楽しからずや。）

　この「楽は音が洛」という注意は、「音楽」の「楽」（yuè、ガク）ではない、「快楽」の「楽」（lè、ラク）だという注意である。

　　人不知而不慍、不亦君子乎。慍、紆問反。（人知らずして慍らず、亦た君子ならずや。）

　ここに「慍」という漢字の発音は「紆問」という二つの漢字を用いて表記するのであり、これが反切法という発音表記の方法である。これについては、また出てくるので後でまとめて説明することにしよう。

　　有子曰、其為人也孝弟、而好犯上者鮮矣、不好犯上、而好作乱者、未之有也。弟、好、皆去声。鮮上声、下同。（有子曰く、其の人と為りや孝弟にして、上を犯すを好む者は鮮し、上を犯すを好まずして乱を作すを好む者、未だ之れ有らざるなり。）

098　Ⅰ　古典を読むために知っておきたいこと

まず、「弟」「好」はともに去声に読む、というのは普通話(共通語)で第4声の声調にあたる。
　なお、ここで古代の声調表記が、今の北京音にもとづく普通話の四声とどのように対するかについて説明すると、平声(上平声・下平声)はおおむね第1声、第2声に相当し、上声は第3声に、去声は第4声に相当すると考えられている。その他に、今の北京音(普通話はほぼ北京音にもとづいている)では失われている入声がある。日本の漢音で音尾がフ・ク・ツ・チ・キと発音されるもの、例えば「蝶」「福」「物」などが入声と称される(広東語や朝鮮語の発音にも残っている)。今の北京音では第1声から第4声までの漢字に分散している。例えば、「局　渠玉切」入声キョク　であるが、今音では、jú 第3声である。
　ところで、ここで「弟」は去声に読むということは、「弟」は普通話では dì のように第4声であるが、古代の韻では、上声、去声、入声、上平声の4種の声調があり、それぞれに意味が異なる。①テイ、ダイの音で『集韻』(宋代に編纂された韻書)では「待礼切」と指示されているから、上声(第3声)、②テイ、ダイの音で『集韻』では「大計切」と指示されているから、去声(第4声)に読む。この二つは『康熙字典』(清代に勅命により編纂された字書)で指摘されているように同義である。詳細は煩雑になるので省略する。他の入声、上平声の場合は省略する。なお、漢和辞典には親字の下に□の記号があって、その四隅に△▲の印がある。これは圏点と呼ばれて、平上去入の四声を

図表化したものである。さらに漢和辞典には「韻字一覧表」などと呼ばれる表が附録されているが、そこに圏点の意味が示されている。実は上記の「弟」の音について「待礼切」「大計切」という反切だけでなくて、字書には圏点によって四声が示されていることも知っておきたい。

次に、「好」には、「このむ」の意味の去声（第4声hào）、「よい」の意味の上声（第3声hǎo）とがある。ここでは去声と指示されているから、「好む」の意味となる。「鮮」にも、上平声（第1声xiān）と上声（第3声xiǎn）とがある。上声なら「少ない」という意味である。「下同じ」というのは、以下に出てくる「鮮」はみな上声の発音に読めという指示である。「巧言令色、鮮矣仁」（巧言令色、鮮なし仁。『論語』学而）の「鮮」がそうである。

　　孝弟也者、其為仁之本與。與、平声。（孝弟なる者は、其れ仁の本為るか。）

この「與」（yu、ヨ）の字にも上声、去声、上平声の3種の声調がある。上声なら「干與」、くみする、の意味。去声なら「参加」「あずかる」の意味。上平声なら助字であり、訓読では「か」と読む。

　　曾子曰、吾日三省吾身、為人謀而不忠乎、……伝不習乎。省、悉井反。為、去声。伝、平声。（曾子曰く、吾れ日に三たび吾が身を省る。人の為に謀りて忠ならざる

か、……習わざるを伝えるか。)

「省、悉井反」は反切法なので後でまとめて説明する。「為」(wèi) が去声というのは、「為」には、平声で「つくる」「なす」「である」の意味と、去声で「ため」の意味とがある。「伝」には、平声で「つたえる」の意味と、去声で、『春秋左氏伝』の「伝」のように注釈の意味、また駅伝の「伝」のように「つぎつぎに」という意味を示す。

反切／直音

さて、残された反切法について、まず一般的な説明を与えておこう。

王力『漢語音韻』(北京・中華書局、1972年) 第3章「反切」の説明を参照しながら、解説してみよう。

『説文解字』にはしばしば「讀若某」という説明があり、後の人は「音某」と称するようになった。例えば、『詩・周南・芣苢』の「薄言掇之(ここにあつむ)」の毛伝に「掇、拾也」と説明されているが、隋代あるいはそれ以前の音韻を表記している陸徳明『経典釈文』には、「拾、音十」と説明されている。これは「拾」という字は「十」の字の音で発音すべきだといっているのである。以上のような音を示す方法を直音と称している。ある字の音を同音の他の字によって表わすのである。

その後、反切という方法が考案されるようになった。

反切の方法は二つの字を合わせることで一つの音を出す

のである。例えば、「宰相」という場合の「相」の音は「息亮反」であるが、これは、「息」と「亮」を合わせて「相」という音が得られることを示している。この方法はおおよそ前漢末ごろに始まったが、当時は「反」または「翻」と呼ばれていた。唐代になって、「反」の字は「叛（反）乱」に通じるというので「切」に改められたといわれる。だから、「相、息亮切」となった。

さて、反切として示される2字の上の字は反切上字と称され、これは声母を表わす。音節の初めにある子音（声 shēng では sh が声母）である。下の字は韻母を表わす（shēng では eng が韻母）。そこで、「上の字は声（声母）を定め、下の字は韻（韻母）を定める」といって、これが原則である。さらに、下字は声調という漢字固有の音声をも定める。今日の四声である。

田	徒年切	下平声	今音	tián	tu + nian
香	許良切	下平声	今音	xiāng	xu + liang
歡	呼官切	上平声	今音	huān	hu + guan

年は北京音では第2声であり、そこで田の声調は第2声である。良は第2声であり、そこで香の声調は第1声である。官は第1声であり、そこで歡の声調は第1声である。

『論語集注』に戻り、「慍、紆問反」について説明しよう。

「慍、紆問反」の紆は漢和辞典を見ると「ウ」であり、

「問」は「ブン」あるいは「モン」であるから、「ウン」という発音になる。これは今日の四声を知らなくても分かる。

しかし、この字は今の北京音で説明すると、yu＋wen yen（拼音字母 yùn）去声。

次に「省、悉井反」。

悉はシツ、井はセイであるから、「省」は「セイ」と発音すべきだということが分かる。なぜ、この字に反切が示されているのか。先に引用した宋代の韻書『集韻』には、「省」は上声六に二つの発音が示されている。梗第三十八に「所景切、説文、視也」、さらに静第四十に「息井切、察也、審也」と。声調は同じく「セイ」であるが、意味が異なっているとされている。ただし、『集韻』では相違が明確でない。『康熙字典』によると、「省」には「息井切」で「視る」の意になる音と、「所景切」で「禁署（役所）」の意になる音とに区別されている。ともに上声である。xi＋jing＝xǐng　suo＋jing＝shěng 上声（第3声）。

近年出版された『全訳漢辞海』（三省堂、2001年）は両者の区別を記している。「所景切」は「生梗上」に改まり、shěng（第3声）で「役所」「省都」などの意味、「息井切」は「心静上」に改まり、xǐng（第3声）で「みる」「かえりみる」などの意味と説明している。どちらも「セイ」の発音である。

本篇では初歩的な入門書である『論語集注』に出てくる声調・音韻表記を例として説明したが、実は、それ以前の

隋代の『経典釈文』30巻には、『周易』『尚書』『毛詩』『周礼』『儀礼』『礼記』『春秋左氏伝』『春秋公羊伝』『春秋穀梁伝』『孝経』『論語』のような経書、『老子』『荘子』のような道家の書、『爾雅』のような字書の14種について、その「注音釈義」が施されている。この書には隋代以前の経書に見える難字などの字義・音注が示されている。そして、反切法はすでに用いられている。その反切の解説はかなり難解であり、専門の学といえるだろう。反切法の最も早い例は、後漢の服虔および応劭の『漢書』注に見えているという。反切法に限らず、難字を音注によって説明することは、唐の顔師古の『漢書注』の叙例に、「漢書にはもと注解がなかったが、服虔・応劭らがそれぞれ音義をつくって、別々に行っていた」と述べているように、後漢末には『漢書』が読み難い史書になっていたのである。顔師古注の『漢書』には、服虔・応劭らの音注などに加えて顔師古の反切その他が附されている。では『史記』はどうだろうか。よく知られているように、『史記』には三家注と呼ばれる旧注があり、私たちはこれを手がかりにして『史記』を読んでいる。劉宋・斐駰の『史記集解』、唐・司馬貞の『史記索隠』、唐・張守節の『史記正義』である。なかでも「正義」には、「雍音、於恭反」「復音、扶富反」「中音、仲」「潏音、決」などのような音注が附されている。時代が降って、宋代の司馬光が著わした『資治通鑑』は、我が鎌倉時代から武人に親しまれた史書であるが、その注釈として元の胡三省による「音註」が役に立つ。古史

については『史記』三家注を引用しているが、反切は「喪、息郎翻」のように「反」「切」ではなくて「翻」になっている。このように、史書を読むにも反切などの音韻知識はある程度は必要といえる。

詩文を読む場合はどうか。梁の昭明太子が編纂した『文選(もんぜん)』は早くに我が国に伝わって多くの人々に愛誦された詩文集である。私たちは普通、唐の李善の注に依拠して読解するのであるが、これが実はいたるところ音と注に満ちている。その巻1「両都賦」の「西都賦」の一句「雖軽迅与僄狡」(軽迅と僄狡(ひょうこう)と雖も)の李善注「方言曰、僄軽也、芳妙切。鄭玄礼記注曰、狡、疾也、古飽切」と、わずか6字に対して21字もの注である。そして反切などの音注も重要である。「事を釈して義を忘れた」(『新唐書』李邕(りよう)伝)と評される所以(ゆえん)である。それはともかく、詩文を読もうとするには、もちろん音韻知識はぜひとも備えてほしいものである。

分野は異なるが、仏典ではどうか。手もとの『大正大蔵経』をぱらぱら開いてみるが、音注を備えた仏典は容易に見当たらない。わずかに、「唐大薦福寺故寺主翻経大徳法蔵和尚伝」(新羅国・崔致遠)という伝記の末尾に短い音注の文が集められている。「躅、厨玉切」「掇、都括切」「月支、月音燕」「康居、居音渠」のごとくであり、反切と直音で音韻が示されている。もちろん『大正大蔵経』第54巻「事彙部」に収める、唐の慧琳(えりん)の『一切経音義(いっさいきょうおんぎ)』100巻(元和2年、807年に成る)には、「大般若経」から「護

命放生会」にいたるまでの1300部の経典に見える梵字からの音写字や漢字の難字について、その音が反切や直音で示され、かつ意味も注釈されている。例えば、冒頭の『音三蔵聖教序幷大般若経』の慧琳の音には、「控寂　上苦貢反、考聲、控持也」「沿時　上音縁」のように反切と直音が示されている。そこで今日まで伝存する仏典にあたってみると、『宋版磧砂大蔵経』（台湾・新文豊有限公司、1987年）所収の版本仏典には、音注が各教典末もしくは各巻末に記されている。例えば、玄奘訳『大般若波羅蜜多経』巻1末尾には、「潛昨塩反　窺傾彌反　苞必交反……旬音殿……桎音質」のように反切・直音が記載されている。我が奈良平安時代の古写経などには『一切経音義』のとおりの音注が見えているのであろうか。ただし、上述のように仏教の門外漢にとって見やすいのは『大正大蔵経』所収の経典なのに、どういう事情でなのか、ほとんど削られているのは残念なことである。

　最後に、医書にも音韻表記が附されている例を挙げておこう。唐初の楊上善注の『黄帝内経太素』は唐代成立の古医書であり、写本が我が国に伝存しているのであるが、その注には、「窒、塞也、知栗反」「甓、音擘」のごとく、反切などの音注が施されている。『黄帝内経素問』の現行本、すなわち唐・王冰の註、宋の林億等校正の本には各巻の末尾に該当本文の引用と小字の音注による音韻表記が附録されている。巻1では、「序廼其上音乃　蔵勅韋切　糅女救切　瀅音瑩」のごとくである。『霊枢経』については、各篇末

に本文が引用されて小字の音注がまとめられている。巻1「九鍼十二原第一」の巻末に、「宛陣、上音鬱、又音蘊、又於阮切　鼚莫高切、又音亳」のごとく示されている。『霊枢経』には「宋・紹興乙亥（二十五）仲夏望日、錦官・史崧」という序文があり、中に「音釈を増修し、巻末に附した」とあるから、この史崧(しすう)が音注を附したかと推測される。

　以上のように、中国の古典を学ぶには、分野を問わず、ある程度の音韻知識は備えておくべきであろう。とはいうものの、音韻の学はそれを専門にすると実に奥行きが深いので、ここに示しておいた程度の初歩的知識にとどめておいた方が無難であろう。

　どうしても一歩進んで反切などの音韻知識を学びたいなら、下記の参考書を読んでいただきたい。

参考書

中国語学研究会編『中国語学新辞典』（光生館、1969年）の「反切」「直音」など該当項目

頼惟勤著・水谷誠編『中国古典を読むために──中国語学史講義』（大修館書店、1996年）の「第2章　韻書の成立」の「反切」上下

牛島徳次・香坂順一・藤堂明保編『中国文化叢書Ⅰ・言語』（大修館書店、1967年）の「Ⅱ　音韻論」、「2　上中古の間における音韻史上の諸問題」（水谷真成）は仏典の音韻を解説し、「3　中古漢語の音韻」（平山久雄）には反切などの解説がある

張世禄『中国声韻学概要』（台湾・商務印書館、1973年）第4編「拼音」第2章「反切」、王力『漢語音韻』（香港・中華書局、

1972年）第3章「反切」

殷煥先『反切釈要』（山東人民出版社、1979年）

II

古典の分類はどのように展開したか
——目録学の初歩

1. 図書の分類の始まり

　現存最古の図書目録は『漢書』芸文志であって、『史記』には図書目録はない。しかし、『漢書』芸文志より前に劉向・劉歆父子による図書目録があり、班固はそれを継承した。それが劉向の『別録』と劉歆の『七略』である。

　もちろん、それ以前にも、『史記』蕭相国世家によると、沛公（劉邦）が秦の都・咸陽に攻め入った時、蕭何だけには秦の図書を収蔵させた。漢の統一後、「大いに篇籍を収め、広く献書の路を開いた」のであるが、武帝の時には、「書は欠け簡が脱し」ていたので、武帝はこれを嘆いて、「蔵書の策を建て、書を写す官を置き、下は諸子の伝説に及ぶまで、皆秘府に充てた」。ところが、成帝の時にはまたも、「書頗る散亡す」るようになったので、そこで本格的な収書事業が開始された。「閼者の陳農をして遺書を天下に求めしめた」（以上は『漢書』芸文志総序）。

　彼らは図書の整理・校訂作業を分担して行った。劉向は経伝諸子詩賦を、任宏は兵書を、尹咸は数術を、李柱国は方技を受けもった。そして劉向は一書ごとに、その篇目を箇条書きにし、およその大意をかいつまみ、記録して天子に上奏した。これが『別録』と呼ばれる。その後、劉向が亡くなったので、子の劉歆が父の事業を継いだ。それは『七略』と呼ばれる。次のように分類されていた。輯略、六芸略、諸子略、詩賦略、兵書略、数術略、方技略であ

111

る。この分類が『漢書』芸文志に継承されたのである。これによれば、劉向・劉歆父子は、六芸（六経）を重んじたが、その順序は、易、書、詩、礼、楽、春秋であって、これ以前の『荘子』天運篇で六経が、詩、書、礼、楽、易、春秋の順序で記載され、また、『礼記』経解篇で、詩、書、楽、易、礼、春秋の順序で記載されているのに比べると、劉向・劉歆父子が「易」を重視していたことがうかがわれるが、さらに、「六芸略」の結びで、その態度を明確に述べている。すなわち、「楽は以て神を和す、仁の表なり。詩は以て言を正す、義の用なり。礼は以て体を明かす、明とは著見なるが故に訓なし。書は以て聴を広む、知の術なり。春秋は以て事を断ず、信の符なり。五者は蓋し五常の道にして相須ちて備わる。而して易はこれが原をなす。（中略）天地と与に終始をなすことを言うなり」と。

  六芸略　　易十三家、書九家、詩六家、礼十三家、楽六家、春秋二十三家、論語十二家、孝経十一家、小学十家

  諸子略　　儒家、道家、陰陽家、法家、名家、墨家、縦横家、雑家、農家、小説家

  詩賦略　　賦、歌詩（分類なし）

  兵書略　　兵権謀家、兵形勢家、陰陽家、兵技巧家

  数術略　　天文家、暦譜家、五行家、蓍亀家、雑占家、形法家

  方技略　　医経家、経方家、房中家、神仙家

『漢書』芸文志の思想的意味
(1) 儒学の経典を収める「六芸略」が筆頭に置かれて、儒学があらゆる学術文芸のなかで最高の価値あるものとされた。この立場は、これ以後、清代の『四庫全書総目』に至るまでの書目すべてに引き継がれた。
(2) 「六芸略」のなかでも、易が最初に置かれているのは、六経の「原(みなもと)をなす」と説明されているように、内容が最も深遠だとみなされたのである。「諸子略」のあとで、「易に曰く、天下は同帰にして殊塗(しゅと)、一致にして百慮、と」と述べているが、さまざまな立場も結局は一つに帰する、というのである。それが易なのである。
(3) 孔子に対する崇敬の念の強さ。六経はすべて孔子と直接のかかわりをもつものとして意識されているが、さらに六芸略の後に、『論語』『孝経』を置いて、六経に準ずるものとして扱っている。「論語は孔子が弟子や当時の人に応答したことば、しかも先生から直接に聞いたことばである」「孝経は孔子が曾子のために孝道をのべたものである」と解説している。

[内藤湖南の評]（『支那目録学』による。以下、同様）
「その中で注意すべきことは、全体の総論的なこととしては、書籍の歴史的な排列法、分類法の取られていることである。それは本のできた時代順に書くということではない。歴史的なりという意味は、大体、本の出来て来る由来

から分類の仕方を考えたことである。経書を六芸その他に分けるのは勿論、最も骨折ったのは、諸子略の儒家以下九流について書いたことである。勿論六芸でも易は如何にして出来たか、書は昔如何なる種類のものがそれらに纏まったかという風に由来を説いているが、殊に九流（儒家者流、道家者流、陰陽家者流、法家者流、名家者流、墨家者流、縦横家者流、雑家者流、農家者流——筆者注）では、九流が悉く昔の官師から出たことを説いている。例えば、儒家は司徒の官に出づ、道家は史官に出づ、（中略）すべて昔の官職に帰することを論じている。かくの如く学問を歴史的に考えるのが二劉の学の特色である。その他の詩賦略以下も皆由来をたずねたが、殊に九流については、由来の外に長短得失を論じている。その見方は、九流が皆官師から出たから、初めは皆社会組織の必要から出た職務であったが、それが漸く一家の説を作り出した。そして或る時代には、九流百家が各々その長所を盛に鼓吹し、己れ一家さえあれば、他の学問はなくとも国家を治め得べしと考えたが、根本は皆六芸略に載せられた六家の支と流裔であると考え、その各々の一派のものが、その自己の説を誇張するにつけて、その説の偏った処をむやみに大きくして行き、そこから弊害ができ、各家の主張するような九流の著述が出来たというのである。（中略）二劉の考えでは、儒学を中心にし、六芸を中心にするのは独断ではなく、すべての書籍を歴史的に見るところから来ている。即ちもろもろの書籍の中で、六芸の書のみは、古のものをそのまま伝えて

いるので、歴史的に考えて誤りなく、手を入れずに伝えられているが、九流の書は、各々の説を主張する為に、その材料を誇張変形して伝えている。ただし六芸の書に失われたことも、九流の書の残っているものがあるから、この点を取れば役に立つという意見である。大体諸子略だけは六略中特別なもので、その他はすべて昔のものがそのまま伝えられたものである」

> ＊原文の旧漢字および歴史的仮名遣いはすべて現行の略字体、新仮名遣いに改めた。また、原文の促音「つ」は大書となっているが、本稿ではすべて小書に改めた。以下、同様。

［倉石武四郎の評］（『目録学』による。以下、同様）
「次ぎに諸子については儒、道、陰陽、法、名、墨、縦横、雑、農、小説の十家に分けて、それぞれにつきたとえば儒家者流ないし小説家者流というような書き出しでその淵源と内容および得失を論じているが、いわゆる淵源とは儒家者流は司徒の官に出、道家者流は史官に出、陰陽家者流は羲和(ぎか)の官に出、法家者流は理官に出、名家者流は礼官に出、墨家者流は清廟の守に出、縦横家者流は行人の官に出、雑家者流は議官に出、農家者流は后稷の官に出、小説家者流は稗官(はいかん)に出るといって、すべて周代の政府機関にその所出を求めている。（中略）しかるに芸文志を通じて見た劉向、劉歆の学問はこれら各派についてその淵源を考えたという点に最も著しい特色をなすものである。ただしその淵源が適当なものであるか否かは問題が存するのみか、

むしろ大体がこじつけに類するわけであるが、これとともに忘れることのできないのはこうした淵源を考える学問がこの頃すでに発達していて、何ごとも一応は淵源にさかのぼろうとする傾向を持ったことで、つまり内容の新鮮さを誇るよりも、むしろ伝統の久しいことに頼ろうとする学問ができてきた。もとよりこれは学問の健康なる発達にとって必ずしも喜ぶべきではなく、ここに中国の学術の沈滞、換言すれば中国の学術が少なくとも他の文化に比して異様なる発達を遂げざるを得なかった原因の一つが伏在すると思う。ただし事ここに至るまでに曾て長足の進歩があって、一応は如何にしてもある低回的な状態を招くべき運命を持ったに相違なく、劉向、劉歆の学問はこうした源頭に立ったのである。

芸文志によって見た二劉の学問はかくして六芸と諸子とを内容——ことがらの記録として最初にとりあげ、中でも六芸の末に孔子の言行録たる論語を加え、諸子の始めに儒家を置いたというところに、儒家を尊重することを表示しているが、これは当時すでに儒家による思想統制が決定した状態の下にあって何等考慮に値するものでなく、六芸と諸子とはこうして一つの段落を割しているが、この二者に次ぐに詩賦略を以ってしたのは如何なる故であるか。もとより前の二つがことがらを述べるものであり、これはことばの表現であるという内容的な差等も考えられようが、一方では六芸の中にもすでに詩が収められていて、これもことばの表現として考えられないでもないに拘らず、それが

極めて古いがために儒家の徒によって重要なる経典として取りあつかわれていた。とすれば詩賦としてここに収められたものは要するに後の作品であって、その最も代表的なものは屈原、宋玉の辞賦に外ならぬ。更にこれを賦および雑賦歌詩と小別してあるが、その歌詩というものも漢以後のものを集めたにすぎない。こうして見れば詩賦が六芸諸子に次ぐ理由は極めて明らかになるわけで、それから翻って考えれば六芸において易をさきだて、諸子において王官にその淵源を求めた理由も自から氷解することと思う。

　次に専門部として兵書には権謀、形勢、陰陽、技巧があって、これも古の司馬の職に出るといい、数術には天文、暦譜、五行、蓍亀、雑占、形法の六種があって、みな明堂義和史卜の職に出るといい、方技には医経、経方、房中、神僊の四種があって、これにはただ王官の一守であるという曖昧なことばを加えてあるが、こうして飽くまで王官に手を借らねばならない所に芸文志を通じた二劉の根本的性格があると思うのである」

　その後、後漢王朝では収書事業は行われなかったらしく、范曄(はんよう)(南朝・宋の人)『後漢書』はもとより、いわゆる『七家後漢書』(三国・呉・謝承『後漢書』、晋・薛瑩(せつえい)『後漢記』、晋・司馬彪(しばひょう)『続漢書』、晋・華嶠(かきょう)『後漢書』、晋・謝沈(しゃちん)『後漢書』、晋・張瑩『後漢南紀』、晋・袁山松(えんざんしょう)『後漢書』)にも書目は立てられていない。汪文台(おうぶんだい)『七家後漢書』(台湾・文海出版社、1972年)があり、近年これを補輯した周天游

『八家後漢書輯注』上下冊（上海人民出版社、1986年）が出
ている。

2. 魏晋南北朝時代の図書分類

　後漢が亡んで三国鼎立の時代になるが、魏では散佚して
いた書籍を集めて、宮中の三閣（秘書省、中閣、外閣）に
収蔵した。魏の秘書郎・鄭黙がこれを整理して『中経』
（魏中経簿とも）を撰した。ついで西晋の秘書監・荀勗は中
書令・張華とともに、『中経』にもとづいて『新簿』を著
した。これは、「劉向の別録に依りて記籍を整理」したも
のという（『晋書』荀勗伝）。また、「古今書最」（唐・道宣
『広弘明集』巻3「七録序」附）によれば、その内容は「四
部書一千八百八十五部、二万九百三十五巻、其中十六巻、
仏経書簿少二巻、不詳所載多少一千一百一十九部亡、七百
六十六部存」（文意不明──＊参照）と記載されている。そ
の四部の内容については、『隋書』経籍志がある程度くわ
しく伝えている。

　　＊文意不明の箇所：目録は全体で16巻（隋志は14巻）、つまり
　　　四部おのおの4巻、書簿（目録）と仏経は別に2巻、という意
　　　味か。

　荀勗・張華の『中経新簿』の分類は次のようであった。
　　甲部　六芸および小学などの書
　　乙部　古の諸子家、近世の子家、兵書、兵家、術数

118　Ⅱ　古典の分類はどのように展開したか

丙部　史記、旧事、皇覽簿、雑事
　丁部　詩賦、図讚、汲家書（きゅうちょうしょ）

　およそ四部合わせて「二万九千九百四十五巻」（『隋書』経籍志序）。
　なお汲郡（きゅう）（河南省）の家（つか）から竹書の古文が発見されたのは、晋・太康2年（281）である。

『中経新簿』の特徴：
(1) 四部分類の始まりである。しかし、甲乙丙丁の呼称は、当時はまだ干支（かんし）によって識別していたためである。
(2) 甲部は基本的には『七略』と『漢書』芸文志の六芸略にほかならない。後世、経部と改められる。
(3) 乙部は『漢書』芸文志の諸子、兵書、数術を併せたもので、後世では子部となる。兵書は古代の軍事書、兵家は近世の軍事書であろう。しかし、兵家は方技の誤りかもしれない。方技の類を欠いているからである。
(4) 丙部は主に史書であって、『七略』『漢書』芸文志で史書が春秋類に附属させられていたのに対して独立しているのは、当時、史書の数が増加していたことを示している。
(5) 『皇覽』（こうらん）は、最初の類書であり、魏の文帝の黄初元年（220）王象（おうしょう）、劉劭（りゅうしょう）らが勅命で編纂したもので、40部余り、毎部数十篇、800万字余りになる類書であったが、

(6)『皇覧』は史部の書ではない。
(7)「仏経書簿少二巻」は意味不明であるが、四部に附録されていたようであるから、実際は五部になるとも考えられる。
(8)書名、巻数、撰人の記載があったようだ。
(9)書籍の存佚をも記載していた。

　魏晋のころには、公私の蔵書が日増しに多くなっていたらしく、私人の蔵書の盛んなことは、例えば、魏の王脩が書数百巻もっていた（『三国志』魏志巻11「王脩伝」）、王弼の蔵書は万巻に近かった（同書魏志巻28「鍾会伝附王弼」）、晋の張華は「雅に書籍を愛し、身死するの日、家に余財はなかったが、ただ文史の書が幾つかの篋に溢れていて、かつて居を移した時、書籍が車三十乗にもなった」「天下の秘書奇書で世間で稀にしかないものが、悉く張華の所にあった」（『晋書』巻36「張華伝」）、また、范平の家の蔵書は7000余巻あり、遠近から読みに来る者が常に百人あまりいたという（『晋書』巻91「范平伝」）。
　東晋・李充『晋元帝四部書目』「四部、三百五帙、三千一十四巻」（「古今書最」）は甲乙の順に分類されている（隋志）。清朝の銭大昕は、「李充が重ねて四部に分け、五経を甲部とし、史記を乙部とし、諸子を丙部とし、詩賦を丁部として、経史子集の順序が始めて定まった」（「元史芸文志序」）と評している。

劉宋時代の目録には、以下のものがあった。

『晋義熙已来新集目録』3巻、丘淵之（隋志）
『四部書大目』40巻、殷淳（宋書本伝）
『元嘉八年秘閣四部目録』謝霊運（隋志）　四部目録だが別に仏経を附録
王倹『七志』『宋元徽元年四部書目』

王倹の『七志』は、40巻とも30巻ともいわれる。彼は『七略』によって『七志』40巻を撰し、また『宋元徽四部書目』4巻をも撰した（『南斉書』本伝）。
『七志』の内容は以下のとおり。

　　経典志　　六芸、小学、史記、雑伝
　　諸子志　　今古の諸子
　　文翰志　　詩賦
　　軍事志　　兵書
　　陰陽書　　陰陽図緯
　　術芸志　　方技
　　図譜志　　地域、図書
　　附録　　　道仏

王倹の『宋元徽四部書目』4巻は四部分類であり、2020帙、1万5074巻あったという。書名の下に一伝（注釈の意）を立てた（隋志序）。書目解題における伝録体を創始した。

その他に、梁・劉孝標『梁天監四年正御四部及術数書目録』、梁・殷鈞『梁天監六年四部書目録』4巻（隋志簿録類）、謝霊運『秘閣四部目録』（古今書最）があった。殷鈞のものは、隋志序に「梁に秘書監・任昉、殷鈞の四部目録あり」とあるから、2人の合撰である。また、『文徳殿目録』（五部目録）は、四部に術数部を加えて、祖暅が撰した（隋志、七録序）。
　梁・阮孝緒『七録』は、個人の撰である。七録12巻、阮孝緒撰（隋志・経籍二史・簿録類）。
　『七録』の内容は以下のとおり。

　　内篇
　　経典録　易、書、詩、礼、楽、春秋、論語、孝経、小
　　　　　　学　　9部
　　記伝録　国史、注歴、旧事、職官、儀典、法制、偽
　　　　　　史、雑伝、鬼神、土地、譜状、簿録　　12
　　　　　　部
　　子兵録　儒、道、陰陽、法、名、墨、縦横、雑、農、
　　　　　　小説、兵　　11部
　　文集録　楚辞、別集、総集、雑文　　4部
　　術技録　天文、緯讖、暦算、五行、卜筮、雑占、刑
　　　　　　（形）法、医経、経方、雑芸　　10部
　　外篇
　　仏法録　戒律、禅定、智慧、疑似、論記　　5部
　　仙道録　経戒、服餌、房中、符図　　4部

『七録』の特徴:
(1) 史籍を独立させて「記伝録」を設けた。
(2) 部類の下に細類を分けた。分類法の発展。「其の分部題目は頗る次序有り」(隋志)。
(3) 『七録』は『文徳殿五部目録』にもとづいて五録とした。王倹『七志』の分類とは異なっている。道仏を外篇としていて附録扱いではない。
(4) 協力者として劉杳(りゅうよう)という人物がいる。「七録序」の末に、「通人、平原の劉杳、余に従いて遊ぶ、因りて其の事を説く、杳に志有り、積むこと久しきも未だ筆を操る(と)を獲ず。余已に先に鞭を著くるを聞き、欣然(きんぜん)として意に会(かな)い、凡そ抄集する所は尽く以て相与えて其の聞見を広くするに実に力有り」と。『梁書』文学伝によれば、『古今四部書目』5巻を撰したという。

漢訳仏典の目録として、梁・釈僧祐(そうゆう)『出三蔵記集』15巻(『大正新修大蔵経』巻55、目録部所収)が現在も伝わっている。これより前には東晋・釈道安『綜理衆経目録』(佚)、東晋・竺道祖(じくどうそ)『衆経目録五部』(佚)がある。梁初、華林園に釈典が集められた。

『出三蔵記集』は全体が四部に分けられている。

(1) 縁起(巻1)　本書の編纂と経典成立の因縁
(2) 名録(巻2〜5)　訳経を年代順、訳者ごとに。異訳経、失訳経

(3) 経序・雑録（巻6〜11、巻12） その内容の一例、「四十二章経序、安般守意経序」のごとし。目録序と書目。「宋明帝勅中書侍郎陸澄撰法論目録序」など
(4) 列伝（巻13〜15） 安世高ら32名の翻訳僧の伝記

3. 隋時代の図書分類

隋代に、『開皇四年四部目録』4巻、『開皇八年四部書目録』4巻（ともに隋志）、王劭撰『開皇二十年書目』4巻（両唐志）、許善心撰『七林』（私撰、佚）が撰せられた。後者について、「開皇十七年、秘書丞・阮孝緒『七録』に放（なら）い更めて『七林』を制す。各おの総序を為りて、篇首に冠す。又た部録の下に、作者の意を明らかにし、其の類例を区分す」（『隋書』許善心伝）とある。

なお、煬帝は洛陽・観文殿東屋に甲乙部（経史）、西屋に丙丁部（子集）に属する書を収めた（隋志）。東晋・李充の甲乙の分類にならう。また、内道場に道仏経を集め、別に目録を撰した。

柳䛒（弁の俗字）撰『隋大業正御書目録』9巻（隋志）は、『北史』（『玉海』巻52所引）によると、柳䛒が37万巻を整理し、「其の重複猥雑なるを除いて正御本三万七千余巻を得る」という。

『隋書』と『隋書』経籍史
唐・太宗は貞観3年（629）魏徴らに詔して梁・陳・北

斉・北周・隋の五代の歴史を編纂させ、貞観10年、『隋書』の帝紀・列伝と他の四朝史が完成、『五代史』と称された。太宗はまた、貞観15年、李淳風、李延寿らに命じて『五代史志』を編纂させた。これは高宗・顕慶元年(656)、長孫無忌の名で上進された。礼儀、音楽、律暦、天文、五行、食貨、刑法、百官、地理、経籍の10志30巻から成る。これが後に『五代史』と合併されて、『隋書』となる。

　こういう経緯から、『隋書』経籍志には、梁以後の図書が含まれている。

『隋書』経籍志の図書分類：

　　経　　易、書、詩、礼、楽、春秋、孝経、論語（孔子家語、爾雅、広雅、五経異義などを含む）、讖緯、小学（字書、韻書など）　　10類
　　史　　正史、古史、雑史、覇史、起居注、旧事、職官、儀注、刑法、雑伝、地理、譜系、簿録　　13類
　　子　　儒家、道家、法家、名家、墨家、従横家、雑家、農家、小説家、兵家、天文家、暦数家、五行家、医方家　　14類
　　集　　楚辞、別集、総集　　3類
　　附
　　道経　　経戒、餌服、房中、符録　　4類
　　仏経　　大乗経、小乗経、雑経、雑疑経、大乗律、小乗

律、雑律、大乗論、小乗論、雑論、記　　11
　　　類

『隋書』経籍志の特徴：
(1) 四部分類は、これ以後定着して清代の『四庫全書総目提要』まで図書分類の方法として踏襲される。ただし、道経、仏経は『旧唐書(くとうじょ)』『新唐書』では子部道家類に附録される。
(2) 巻数　もとの巻数が下に注記されていて、書籍の存亡残欠が分かる。
　　正史類『後漢記』六十五巻　下注：本(もと)一百巻、梁有、今残闕。晋散騎常侍薛瑩(せつえい)撰
(3) 書名の下の注に簡単な説明があり、書名を見れば内容が分かる。
　　古史類『淮海乱離志』四巻、下注：蕭世怡撰。叙梁末侯景之乱。
(4) 書名の下に内容の真偽を注記する。
　　道家類『廣成子』十三巻、下注：商洛公撰、張太衡注、疑近人作。
(5) 「以人類書」「以書類人」（書名を先に著者名を後に。著者名を先に書名を後に）。
　　例えば次のようである
　　正史類『史記』一百三十巻。下注：目録一巻、漢中書令司馬遷撰。
　　楚辞類『楚辞』十二巻、下注：并目録、後漢校書郎王

逸注。
　　別集類『魏尚書何晏(かあん)集』十一巻、下注：梁十巻、録一
　　巻。
　　別集類『梁太子洗馬王筠(おういん)集』十一巻、下注：幷録。
(6) 総序の他に、各類に序文があり、典籍の集散、学術の源流・発展が記述されている。各類の序文は40篇、道仏両類の序2篇、4部の末尾にそれぞれ序があり、さらに最後の後序1篇、合計48篇の序がある。
(7) 経部では礼類が最も多い。その9割は魏晋六朝時代のもの。南朝の士族は家譜を重視し、親疎尊卑を厳しく区別した。葬服の学は専門の学として盛んに行われた。
(8) 史部では正史類が最も多く、次に儀注類が多い。「正史」の名は『隋志』で初めて用いられて後世沿用された。唐代では『史記』『漢書』『後漢書』が正史とされている。
(9) 子部では五行類が最も多い。風角占(ふうかく)、太乙式(たいいつ)、遁甲式(とんこう)、六壬式(りくじん)、占夢(せんむ)、相宅(そうたく)など。
(10) 隋志の欠点。
　　①分類に妥当でないものがある。
　　　小学類『秦皇東巡會稽刻石文』1巻　これは史部の書。
　　②一書が二つの類に重複して記載されている。
　　　春秋類　『春秋土地名』3巻　地理類にも記載。
　　③一つの類のなかでも重複記載がある。

『黄帝飛鳥暦』1巻　五行類に2度出る。
　隋志はいく人かの専門家の集団によって分担して編纂されたようである。そのためにこういう欠点が生じたのであろう。

［内藤湖南の評］
「隋志は漢志の方法を学んで、各子目の書籍を列べた後には、必ず各々総説があり、四部の各部の終りには、各部の総論がある。ただこれは二劉の時代とは異なり、学問の方針は既に二劉の時代に出来上がって居るので、隋志は主にその以後の学問の変遷を書いた。これは漢志以後の書籍の目録であると共に、漢以来の学術の概括された歴史である。尚書ならば尚書の伝来の歴史を詳しく述べ、それによって、各々の本が如何に伝えられ、如何に学説が増加したかが、之を一見すれば直ちに分かるようにしている。隋書の編纂には唐初の有名な学者が関係し、殊にその志類は学者たちが専門々々によって関係したので、経籍志に載せた各種類の総説に於ても、沿革をよく概括し、今日に於ても、漢以来六朝の学問の変遷を知るには之に頼らねばならぬようになっている」

4. 唐時代の図書目録

　唐・玄宗・開元3年（715）、王倹の七志を続脩して秘府に蔵したいとの馬懐素（ばかいそ）らの献言があり、之を元行冲（げんこうちゅう）が開

元9年に完成した。『羣書四録』(『旧唐書』経籍志では『羣書四分録』に作る)200巻である。2655部、4万8169巻を収め、経史子集に分け、韋述が叙例をつくった。『四庫全書総目提要』(3461部、7万9309巻)以前では、最も収録が多い。ただし、1年余りで編纂したため、欠点も多い。『崇文総目』には著録されていないので、唐末・五代に亡んだのであろう。

毋煚（ぶけい）『古今書録』40巻。4部、45家、3060部、5万1852巻。班固「漢書芸文志」にならい部ごとに小序、書ごとに撰者の氏名を記し、さらに解題と論述がある。亡佚したが、『旧唐書』経籍志にその序が抄録されている。毋煚には他に『開元内外経録』10巻があり、釈氏の経律論疏と道家の経戒符籙を著録し、2500余部9500余巻あったという。

ここで隋唐時代の主な漢訳仏典目録について説明しておこう。

梁の釈僧祐（しゃくそうゆう）の『出三蔵記集』の後では、隋代に開皇14年（594）、文帝の勅命によって、後漢から隋までの訳経を記載した経録『衆経目録』7巻が編集された。撰者は法経ら20名である。2257部5310巻。しかし、わずか2カ月で編纂されたので誤りが多い。そこで、これを改正すべく、文帝の仁寿2年（602）、彦琮（げんそう）らによる勅撰の『衆経目録』5巻が編纂された。2113部5072巻が収められている。

唐代に入って最初の目録は、静泰が彦琮の『衆経目録』を基に追補した『衆経目録』5巻で、唐の龍朔（りょうさく）3年（663）

から麟徳2年（665）にかけて完成した。玄奘の訳経を含めて、125部1513巻が追加されている。

釈道宣が編纂した『大唐内典録』10巻は、唐代最初の大蔵経目録である。麟徳元年（664）に成る。巻1～巻5には後漢から唐までの漢訳経典を編年体で録し、巻6、7には、大小二乗の経律論について、その異訳、訳者について記載されている。他に巻10には疑経を記載したり、歴代の道・俗による著作・注釈の目録がある。ついで釈智昇撰の『開元釈教録』20巻が開元18年（730）に完成したが、これは開元年間に撰述された一切経の目録である。前半は後漢から唐代まで19朝の訳経僧による訳経の目録であり、後半は仏典分類整理録である。以上は『大正新修大蔵経』第55冊「目録部」に収められている。

私人の蔵書目録には次のようなものがあった。呉兢『西斎書目』1巻は、彼の所蔵する1万3468巻の蔵書目録である（『新唐書』芸文志、『郡斎読書志』『旧唐書』呉兢伝）。また蔣彧『新集書目』1巻（『通志』芸文略、『宋史』芸文志）、杜信『東斎集籍』20巻などがあった。

五代・後晋・劉昫撰『旧唐書』経籍志
これは、毋煚『古今書録』の材料にもとづき、『隋書』経籍志の体裁にならったもの。つまり、この目録は唐代の現存書目ではない。

甲部経録　　易類、書類、詩類、礼類、楽類、春秋類、
　　　　　　　　孝経類、論語類、讖緯類、経解類、訓詁
　　　　　　　　類、小学類　　12類
　　乙部史録　　正史類、編年類、偽史類、雑史類、起居注
　　　　　　　　類、故事類、職官類、雑伝類、儀注類、刑
　　　　　　　　法類、目録類、譜牒類、地理類　　13類
　　丙部子録　　儒家類、道家類、法家類、名家類、墨家
　　　　　　　　類、縦横家類、雑家類、農家類、小説類、
　　　　　　　　天文類、暦算類、兵書類、五行類、雑芸術
　　　　　　　　類、事類、経脈類、医術類　　17類
　　丁部集録　　楚詞類、別集類、総集　　3類

　仏教書目については、子録・道家類の末尾に附録しているが、「弁正論」「笑道論」などの論議である。ただし、別に「釈氏経律論疏」「道家経戒符淨」およそ2500余部9500余巻、「開元内外経録」10巻があったが、その書目は「経籍志」には取られていない。

　［内藤湖南の評］
　「旧唐書経籍志に至って、目録の学は又一段の退歩をした。この経籍志には、各部門の総論もなく、各子目の総説もなく、単に隋志以後唐代の書籍の集散に関する全体の総論があるのみである。各部門の書籍の伝来、学問の伝来を知るべき材料は全くなくなった。経籍志とは云え、単なる簿録に止まり、学問の流別、沿革を知るものとならず、目

録ではあるが目録学とはならぬものになってしまった」

宋・欧陽修(おうようしゅう)撰『新唐書』芸文志

　開元書目に著録されたもの5万3915巻、唐の学者の書2万8469巻を収めたというが、実際には、開元書目からは3277部5万2094巻、開元書目に著録されていない唐人の書物は、1390家2万7127巻である。

甲部経録	易類、書類、詩類、礼類、楽類、春秋類、孝経類、論語類、讖緯類、経解類、小学類　11類
乙部史録	正史類、編年類、偽史類、雑史類、起居注類、故事類、職官類、雑伝記類、儀注類、刑法類、目録類、譜牒類、地理類　13類
丙部子録	儒家類、道家類、法家類、名家類、墨家類、縦横家類、雑家類、農家類、小説類、天文類、暦算類、兵書類、五行類、雑芸術類、類書類、明堂経脈類、医術類　17類
丁部集録	楚辞類、別集類、総集類　3類

［内藤湖南の評］

「新唐書芸文志は北宋の時に出来たが、これは、総論として書いた書籍集散の沿革も、旧唐書よりは粗略であり、

又その目録は、旧唐書経籍志が開元までの本より著録していないというので、その後の本を旧唐志に増入したが、その増入をするについては、何等の拠り所を示さず、何処にあった本かも明らかならず、新唐志の作者が見たかどうかも確かでない。(中略)この新唐書芸文志に至って、目録学はますます堕落し、何もあてにならぬ目録となった。(中略)これは歴史編纂上よりも、又目録学の上からも、著しい退歩である。この後、又次第に目録学復興の傾向が現われた」

(附)日本・藤原佐世撰『日本国見在書目録(げんざいしょ)』について

宇多天皇の寛平3年(891)ごろに完成したと推定されている勅命による漢籍目録である。奈良・室生寺に伝えられ、大正14年(1925)古典保存会が影印して刊行された。現存する最古の輸入漢籍目録であり、日本にある漢籍目録としても最も古い。『古逸叢書』『続群書類従』に収められているが、1996年、宮内庁書陵部所蔵室生寺本の影印本が名著刊行会から刊行された。なおこの目録は、『隋書』経籍志と『旧唐書』経籍志との中間に位置する。経史子集の部名はないが、『隋書』経籍志の分類によっている。当時、日本に存在した漢籍を40部門、1579部、1万6790巻にわたって収録している。隋志との相違は、讖緯を異説家、地理を土地家と称している点である。なお国書が8種混入している。

この目録によって、(1)平安時代の宮中に蔵されていた

漢籍の量や性格が分かる、(2) 中国で失われた書籍が、これによって日本に輸入されていたことが知られる、(3) 狩野直喜が列挙しているように、「隋唐志に著録されない書が唯独り此書に載って居て」、新旧唐志の欠漏を補うことができるのである（本篇末尾の参考書欄を見よ）。

(1) 易家　(2) 尚書家　(3) 詩家　(4) 礼家　(5) 楽家　(6) 春秋家　(7) 孝経家　(8) 論語家　(9) 異説家　(10) 小学家　(11) 正史家　(12) 古史家　(13) 雑史家　(14) 覇史家　(15) 起居注家　(16) 旧事家　(17) 職官家　(18) 儀注家　(19) 刑法家　(20) 雑伝家　(21) 土地家　(22) 譜系家　(23) 簿録家　(24) 儒家　(25) 道家　(26) 法家　(27) 名家　(28) 墨家　(29) 縦横家　(30) 雑家　(31) 農家　(32) 小説家　(33) 兵家　(34) 天文家　(35) 暦数家　(36) 五行家　(37) 医方家　(38) 楚辞家　(39) 別集家　(40) 総集家

5. 宋時代の図書目録

『崇文総目（すうぶん）』

　巻数は60巻、64巻、66巻、67巻と記載が異なる。原書はすでに亡佚している。五代十国の分裂・動乱のあとを受けて、宋初、図書収集が行われた。南唐の蔵書は最も豊富で3万余巻あった。朝廷では早くも太祖・乾徳（けんとく）4年(966)、民間に徴書の令を下した。『崇文総目』は、仁宗・

景祐元年（1034）翰林学士張観、知制誥李淑、宋祁に命じて三館秘閣の蔵書を調査させ、さらに王堯臣、欧陽修らが撰者となって、『開元四部録』にならい目録を完成した。仁宗・慶暦元年（1041）のことである。宋末までは完本が伝わっていたらしいが、南宋の始めから、その略本が行われて以後、完本は亡びた。最初の巻数について、『続資治通鑑長編』には60巻、『中興書目』には66巻（『宋史』芸文志も同じ）、『事実類苑』には67巻、『文献通考』には64巻と記載されている。本目録は3万669巻を四部四十五類に分けている。原本には各類に「序」があり、各書に「釈」があったが、南宋以来、序釈を去った1巻本のみが行われた。

現在見ることのできるのは、復原本であり、清・嘉慶4年（1799）、銭凝が天一閣鈔本を底本として諸書に引く佚文を輯め、四庫全書本を参校して『崇文総目』5巻補遺1巻附録1巻をつくった。台湾・商務印書館の『国学基本叢書』本が入手しやすい。「銭輯本」と通称されている。

分類は以下のようである。

  経部　易、書、詩、礼、楽、春秋、孝経、論語、小学　9類
  史部　正史、編年、実録、雑史、偽史、職官、儀注、刑法、地理、氏族、歳時、伝記、目録　13類
  子部　儒家、道家、法家、名家、墨家、縦横家、雑

　　　　家、農家、小説家、兵家、類書、算術、芸術、
　　　　医書、卜筮、天文占書、暦数、五行、道書、釈
　　　　書20類
　　集部　総集、別集、文史　　3類

特徴：
(1) 道教、仏教の書籍が独立した類目として立てられた。
　　道書はさらに道経から仙伝にいたるまで9節に分類されて525部を収めているのに対し、釈書は上中下に3分類されて138部を収めているだけなのは、宋王室の道教信仰の反映であろう。
(2) 古くて時代になじまない類名が廃され、新たな類名が立てられた。
　　起居注→実録　　雑伝→伝記　　譜牒→氏族
　　故事（儀注も）→歳事　　天文→天文占書、卜筮暦算→暦数、算術
(3) 集部文史類　楚辞類が廃されて総集に併合され、代わりに『新唐書』芸文志で総集に含められていた文史類が独立した。すなわち、劉勰（りゅうきょう）『文心彫龍』（ちょうりょう）、鍾嶸（しょうこう）『詩品』などはこの文史類に入れられた。新唐志で文史類に入れられていた劉知幾『史通』（ちき）は乙部史録雑史類下に移された。

　北宋の他の書目
『秘閣四庫書目』10巻、『史館書目』2巻、『嘉祐訪遺書

詔幷目』1巻があった（『通志』芸文略）が、今はわずかに巻目を残しているだけ。

南宋になって、高宗の時に秘書省が『続編到四庫闕書目』2巻を編纂。孝宗・淳熙4年（1177）、秘書少監・陳騤が『中興館閣書目』70巻、序例1巻を編纂、52門、4万4486巻。寧宗・嘉定13年（1220）、秘書丞・張攀が『中興館閣続書目』30巻を編纂。後の二つの書目は亡佚。民国・趙士煒輯『中興館閣書目輯考』5巻、『中興館閣続書目』1巻は、その輯本である。

宋代ではどの皇帝も国史を編纂したが、その中にはみな、「芸文志」がある。『国史芸文志』と称される。元・脱脱等撰『宋史』芸文志・正史類によると、6種ある。(1) 王旦『国史』120巻（太祖、太宗）、(2) 呂夷簡『宋三朝国史』155巻（太祖、太宗、真宗）、(3) 王珪『宋両朝国史』120巻（仁宗、英宗）、(4) 陶渊『武神宗正史』120巻、(5) 王孝迪『哲宗正史』210巻、(6) 李燾『宋四朝国史』350巻（神宗、哲宗、徽宗、欽宗）。民国になって趙士煒が『宋国史芸文志輯本』2巻を編纂したが、それは『玉海』『文献通考』および他の書からの輯本である。内容は『三朝国史』『両朝国史』『四朝国史』の各芸文志。

以上のうち、『秘書省続編到四庫闕書目』『中興館閣書目輯考』『中興館閣続書目』『宋国史芸文志輯本』は、今、楊家駱編『中国目録学名著』第3集第4冊『宋史芸文志広編』下冊（台湾・世界書局、1975年）に収められている。

137

私家の書目の勃興──『郡斎読書志』『遂初堂書目』『直斎書録解題』

宋代は雕版印刷が盛んになり、したがって個人が多くの蔵書を蓄える風潮が興った。南宋・周密『斉東野語』巻12によると、著名な蔵書家として、「宋承平時、如南都戚氏、歴陽沈氏、廬山李氏、九江陳氏、番易呉氏、王文康、李文正、宋宣献、晁以道、劉荘輿、皆号蔵書之富、邯鄲李淑、五十七類、二万三千一百八十余巻、田鎬三万巻、昭徳晁氏二万四千五百巻、南都王仲至四万三千余巻、而類書浩博、若太平御覧之類、復不与焉、(中略)我家三世積累、先君子尤酷嗜、至鬻負郭之田、以供筆札之用、冥捜極討、不憚労費、凡有書四万二千余巻、及三代以来金石之刻一千五百余種」(宋・承平の時、南都の戚氏、歴陽の沈氏、廬山の李氏、九江の陳氏、番易の呉氏、王文康、李文正、宋宣献、晁以道、劉荘輿の如き、皆蔵書の富を号す。邯鄲の李淑は、五十七類、二万三千一百八十余巻、田鎬は三万巻、昭徳の晁氏は二万四千五百巻、南都の王仲は四万三千余巻に至りて、類書の浩博なるもの、太平御覧の類の若きは、復た与らず、(中略)我が家は三世積累し、先君子尤も酷だ嗜み、負郭の田を鬻ぎ、以て筆札の用に供するに至る。冥捜極討し、労費するを憚らず、凡そ書四万二千余巻、及び三代以来の金石の刻、一千五百余種有り)と述べている。

袁同礼「宋代私家蔵書概略」(『図書館学季刊』第2巻第2期、1926年)によると、北宋時代の蔵書家として江正、王

溥、李昉、楊徽之を挙げ、南宋では、越の３家として、陸宰（陸佃の子、陸游の父）、諸葛行仁、石公弼、閩では鄭樵、その子・僑を挙げ、さらに尤袤、陳振孫が推され、宋末では許棐、周密が挙げられている。

このような蔵書家のなかには、書目を編んでいる者もあった。江正『江氏書目』、呉良嗣『籯贏金堂書目』、田鎬『田氏書目』、李淑『邯鄲図書志』、董逌『広川蔵書志』など。しかし、今も残っているのは、晁公武『郡斎読書志』、尤袤『遂初堂書目』、陳振孫『直斎書録解題』のみである。

［内藤湖南の評］
「今一つの新現象は、個人の蔵書目録の盛になったことである。その中最も有名なのは、尤袤の遂初堂書目、晁公武の郡斎読書志、陳振孫の直斎書録解題などである。遂初堂書目は全く書名と巻数だけを挙げた目録で、これは鄭樵の議論によったのだろうと云われる。他の二つはいずれも詳しい解題のある目録である。もっとも学術の源流を調べるというような大著述の志でしたのではなく、ただ自家の所蔵本につき、巻数などのことを調べ、本の大体の性質、多少は本の沿革を書いたものである。それ故、これに載っていないからとて、当時その本が全く絶えていたとも云えず、これにあるのが当時の完全な本とも云えない。崇文総目の如きも、この二書には単に略本の一巻本しか載っていないが、その後まで崇文総目の完本があったことは事実である。しかしこれに載せられた本の巻数は、その後今日ま

で引き続き存在する本が、南宋の時代に如何なる体裁であったかを調べるには必要である。崇文総目は残欠して、もとの形はなく、宋の官庫の目録で詳しい解題のあるものがなくなった後に、幸いにこの二書が残ったので、後世の蔵書家からは、この二書は頗る珍重された」

［清水茂の説明］（『中国目録学』による）
「晁公武もまた金軍の侵入による被害者の一人であった。みやこ開封の昭徳坊にすみつき、有名な文学者晁補之（1053〜1110年）・晁説之（えつし）（1059〜1129年）・晁沖之（公武の父）などを出した晁氏は、多くの蔵書を有していたが、平和な時代にすでに火事でその蔵書の一部を失い、ついで金軍との戦争ですっかりなくしてしまった。そこへ、かつて興元府の知事で四川転運使を兼ねていたときは俸給の半分を書物購入に費やしたという書物ずきの井度（せいど）が、その蔵書を、子孫が保存してくれるかどうかわからぬからといって、晁公武に贈ったので、かれは井度の蔵書を校勘しながら、それらの書物の要綱を書きぬいた。それが『郡斎読書志』二十巻（衢州本による、袁州本は正志四巻後志二巻）である。この本は、個人が実際に存在する書物を読んで、要綱をかきとどめたものであるので、収録された書物に限定があるとはいえ、記事の確実性からいえば、官庁図書館や歴史書所載の目録よりも、はるかに信頼できる。また、テキストの異同ばかりでなく、その書物の内容やそれに対する批判をも含み、「読書志」の名にふさわしい」

『郡斎読書志』は4部43類で、毎部に総序（大序）があり、書物それぞれに提要があって、その作者、主旨、学術の源流、篇次の異なる事情について論述されているが、考訂に重きが置かれている。

伝本に2種ある。4巻本は袁州（えんしゅう）（江西省宜春県）で初刻されたので「袁本」と称され、20巻本は衢州（浙江省衢県）で初刻されたので、「衢本」と称されている。現在通行しているのは、『四部叢刊三編』所収影印の宋袁州本と清末の王先謙が袁衢2本を合校し目録をも附して刊行したものと2種あるが、後者は近年、京都・中文出版社で刊行された『郡斎読書志』『直斎書録解題』合冊本（1978年）が、それである。

その分類は以下のようである。

　　経部　(1)易類　(2)書類　(3)詩類　(4)礼類　(5)楽類　(6)春秋　(7)孝経類　(8)論語類　(9)経解類　(10)小学類
　　史部　(1)正史類　(2)編年類＊　(3)実録類＊＊　(4)雑史類　(5)偽史類＊＊＊　(6)史評類　(7)職官類　(8)儀注類　(9)刑法類　(10)地理類　(11)伝記類＊＊＊＊　(12)譜牒類　(13)書目類
　　子部　(1)儒家類　(2)道家類　(3)法家類　(4)名家類　(5)墨家類　(6)縦横家類　(7)雑家類　(8)農家類　(9)小説家類　(10)天文卜算類　(11)五行類　(12)兵家類　(13)類書類　(14)雑芸術類

(15)医家類　(16)神仙類　(17)釈家類
集部　(1)楚辞類　(2)別集類　(3)総集類
　＊隋志は古史類　＊＊隋志は起居注類　＊＊＊隋志は覇史類
　＊＊＊＊隋志は雑伝類

　『直斎書録解題』は陳振孫（1183年〜？）が、晩年の二十年近くを費やして、淳祐9年（1249）前後に完成。『郡斎読書志』に範をとって撰したものである。もと56巻あり、3096種、5万1180巻を著録していて、『中興館閣書目』（4万4486巻）、『続書目』（1万4943巻）の合計よりもわずか8300余巻少ないだけである。もと経史子集四部と部序があったが、明末には失われ、現在の通行本は22巻53類に分けられている。清・乾隆の時代、『四庫全書』を編纂するに際し、『永楽大典』から集められた。
　その部分は以下のとおりである。

　　易、書、詩、礼、春秋、孝経、語孟、経解、讖緯、小学（以上、経部）、正史、別史、編年、起居注、詔令、偽史、雑史、典故、職官、礼注、時令、伝記、法令、譜牒、目録、地理（以上、史部）、儒家、道家、法家、名家、墨家、縦横家、農家、雑家、小説家、神仙、釈氏、兵書、歴象、陰陽家、卜筮、形法、医書、音楽、雑芸、類書（以上、子部）、楚辞、総集、別集上中下、詩集上下、歌詞、章奏、文史（以上、集部）

『直斎書録解題』で最も注意すべきは、解題の部分であり、解題の体裁を創始しただけでなく、その内容も広きにわたっている。

　『直斎書録解題』の特徴：
(1) 人物を評論している。例えば、「史記一百三十巻」条、六芸以後のすぐれた著作家はただ左、荘、屈、司馬遷だけと言い、この4人を「前未有其比、後可以為法」（前に未だ其の比あらず、後に以て法＝模範と為すべし）と評している。
(2) 書籍の価値を批評している。『新修南唐書』を陸游が撰したことについて「采獲諸書、頗有史法」（諸書を采獲して、頗る史法あり）と。
(3) 書籍の内容を紹介している。『華陽国志』について、「志巴蜀地理風俗人物及公孫述・劉焉・劉璋・先后主以及李特等事迹」（巴蜀の地理風俗人物及び公孫述・劉焉・劉璋・先后主より以て李特らの事迹に及ぶまでを志す）と。
(4) 材料を記す。『太平広記』条、この書は李昉などが「野史・伝記・故事・小説を取って撰集す」と。
(5) 撰述の時期を記載。『歴代年号並宮殿等名』条、「丞相饒陽李昉明叔在翰苑時所纂」（丞相・饒陽の李昉・明叔の翰苑に在りし時に纂する所）と。
(6) 書籍の版本を記す。『高氏小史』条、「此書旧有杭本。今本用厚紙装禇夾面、写多錯誤、俟求杭本校之」（此

143

の書は旧杭本あり。今本は厚紙を用い襀を装い面を夾み、写して錯誤多し、杭本を求むるを俟ちて之を校せん）と。

(7) その著録は今の書にくわしい。巻21「歌詞類」は『花間集』（衛尉少卿字宏基撰、唐末五代まで）、『南唐二主詞』（李煜）、『陽春録』（南唐・馮延已撰）、『家宴集』（唐末五代の楽府）が五代の作品であるのを除いては、その他の 115 種はみな宋人の詞集。

『図書季刊』新第 3 巻第 3・4 合刊（1941 年 12 月）に載る傅増湘が盧文弨校本を用いて武英殿聚珍本を校定したもの。1987 年上海古籍出版社から徐小蛮、顧美華による点校本が出て、前人の校勘の成果を吸収している。

尤袤『遂初堂書目』1 巻

尤袤（1127～94 年）。字・延之。晋・孫綽「遂初賦」から号を取った。南宋・孝宗の名臣。その序に言う。「飢読之以当肉、寒読之以当裘、孤寂而読之以当友朋、幽懮而読之当金石琴瑟也」（飢ゆれば之を読みて以て肉に当て、寒ければ之を読みて以て裘に当て、孤寂にして之を読めば以て友朋に当て、幽懮すれば之を読みて金石琴瑟に当つ）（楊万里『誠斎集』巻78「益斎蔵目序」）*と。書籍の愛好ぶりが分かる。『益斎書目』とも称す。略称『尤目』。台湾・広文書局『書目続編』（1968 年）所収、わずか91 頁。

経史子集の名はないが、実は四部の順序になっている。例えば、経総類、周易類、尚書類、詩類、礼類、楽類、春

秋類、論語類（孝経、孟子を含む）、小学類は四部分類では経部である。

分類の特徴：

国史と正史を区別。国史は『三朝国史』『神宗国史』など。特に近代史すなわち宋代の史書に注意した。子部の「譜録類」に香譜、茶譜、花譜、茘枝(れいし)譜などを入れたのは『尤目』に始まり、『四庫全書総目提要』もこれにならった。法家、名家、墨家、縦横家四家を雑家類にまとめ、数術家類に天文、五行、陰陽、卜筮、形勢をまとめた。章奏類は『尤目』に始まる。楚辞類を削り、楽曲類、文史類を増した。

『遂初堂書目』には総序がなく、毎類の小序もなく、書ごとの提要もなく、きわめて簡略である。撰人の姓名・時代も記されたり、記されなかったりする。しかし、『遂初堂書目』の唯一の特徴は、書目としては初めて、異なる版本を記載したことであり、版本目録学の先駆けとなった。例えば次のごとくである。

経総類
成都石刻九経論語孟子爾雅(じが)　杭本周易　旧監(らんぽん)本尚書　高(こう)麗(らい)本尚書
正史類
川本史記　厳州本史記　吉州本前漢書　越州本前漢書　湖北本前漢書

*『説郛(せっぷ)』本の末尾に李燾の跋文(ばつぶん)があり、中に同文が引かれているのは疑わしい。

鄭樵(ていしょう)『通志』芸文略・校讐略(こうしゅう)

鄭樵(1104〜1162年)、字漁仲、夾漈先生(きょうせい)(はでん)。福建・莆田の人。宋・徽宗・崇寧3年生、南宋の高宗・紹興32年没。著書は84種もあるが、今も伝わっているのは、『通志』のほかには、『夾漈遺稿』『六経奥論(おうろん)』『爾雅注(じが)』などで、その他はみな失われた。

彼の主要な著作は『通志』200巻である。紹興31年(1161)完成。紀伝体の史書。

帝紀18巻、皇后列伝2巻、年譜4巻、略51巻、列伝125巻。

本書の総序で、歴史は通史を主とすべきであるといって、断代史(しりさ)を退けた。杜佑の『通典(つてん)』と馬端臨の『文献通考(こう)』とを合わせて「三通」と呼ばれる。本書のうち、帝紀、列伝、年譜は上古から隋までに及んでいるが、それらは従来の史書を抄録したものにすぎない。しかし、「略」は正史の諸志にあたるもので、20略あり、鄭樵が最も力を注いだところで、上古より唐にまで及んでいる。

20略とは、

氏族略、六書略、七音略、天文略、地理略、都邑略(とゆう)、礼略、諡法略(しほう)、器服略、楽略、職官略、選挙略、刑法略、食貨略、芸文略、校讐略(こうしゅう)、図譜略、金石略、災祥

146　Ⅱ　古典の分類はどのように展開したか

略、草木昆蟲略

である。
　このうち、氏族、六書、七音、都邑、草木昆蟲の五略は従来の史書にないものである。もっとも、劉知幾(りゅうちき)の『史通』書志篇に「志とすべきものに三つあり、一は都邑志、二は氏族志、三は方物志」とあったので、鄭樵が氏族、都邑、草木昆蟲を増したのは、これにもとづいたのである。

［内藤湖南の評］
「彼は大体、史学全体につき、すでに立派な議論を出した人で、歴史は通史が本質であって、断代史を不可とする議論である。その目的で通志を書いたが、その中の芸文校讐二略は、目録学について新しい意見を出した。従来目録学は、二劉以来相伝の精神があって、目録はその伝統によって作られたものであるが、次第に本来の趣旨を失いつつあった。その相伝の精神は、単に目録編纂の方法に一通り現われているだけで、その精神を纏めて議論としたものがなかったからである。ところが鄭樵に至って古来の目録学の精神を抽出して一纏めにして論じた。それが校讐略である。そしてこれを基礎にして自ら芸文略を作った。それ故、芸文略は一家の分類法であって、七略にも四部にも拠らない。彼は全体の書籍を十二類に分った。
　　経類第一　　　　九家八十八種
　　礼類第二　　　　七家五十四種

楽類第三	一家十一種
小学類第四	一家八種
史類第五	十三家九十種
諸子類第六	十一家、この中八家が八種、道釈兵の三家が四十種
星数類第七	三家十五種
五行類第八	三十家三十三種
芸術類第九	一家十七種
医方類第十	一家二十六種
類書類第十一	一家二種
文類第十二	二家二十二種、外に別集一家十九種、書余二十一家二十一種

　これは校讐略に載せているもので、芸文略のは之と少しく異同があるが、大体これが彼の分類法である。経類を九家に分けるのは、易・書・詩・春秋・春秋外伝国語・孝経・論語・爾雅・経解であって、さらにこの中、易については、古易・石経・章句・伝・注・集注・義疏・論説・類例・譜・考正・数・図・音・讖緯・擬易の十六種に分つという具合で、分類法は頗る精密である。

　大体鄭樵は史学全体に於ても、理論はよく出来て居るが、自分で歴史を作ると、あまりうまくは行かない。目録学でも、校讐学の理論はよいが、その作った芸文略はそれほどよい出来とは云えない。殊にこの人の理論があまりに高いので、後人はややもすれば彼に反感を起し、清朝で四庫全書総目を作った時もそうで、四庫簡明目録には、鄭樵

が悪罵した崇文総目をほめて、その出来栄えは鄭樵の芸文略よりも十倍よいと云った。ややもすれば芸文略の出来栄えで校讐略の理論まで貶そうとするが、実は校讐略に至って、目録学に始めて理論が立ち、学問らしくなったのである。従来はただ精神だけが伝わり、作られたものからその精神の流れるのを暗に認めるに過ぎなかったが、之をはっきり理論として纏めたものであるから、校讐略を謗るのはよくない」

　鄭樵の目録学の特徴：
(1) 類例を明らかにする。

　目録学の任務は学術の源流を明らかにすることであるが、その鍵は類例を明らかにするにある。「類例既分、学術自明、（中略）観其書、可以知其学之源流。学之不専者、為書之不明也。書之不明者、為類例之不分也」（類例既に分かるれば、学術自ずから明らかなり、（中略）其の書を観て、以て其の学術の源流を知る可し。学の専らならざるは、書の明らかならざるが為なり。書の明らかならざるは、類例の分かたれざるが為なり）
(2) 目録に存佚を問わずすべてを記載する。

　芸文略*には現存の書を記載しているだけでなく、歴代の散佚した書籍をも記載している。王倹『七志』、阮孝緒『七録』は佚書を記載し、『隋志』は梁の佚書を記載した。そのために、「自唐以前、書籍之富者、為亡闕之書有所系、故可以本所系而求」（唐より以前、書籍の富む者は、亡闕

の書の系る所有るが為なり、故に以て系る所に本づきて求む可し)、すなわち、佚書については、関係するところについて求めることができるというのである。

(3)「泛釈無義論」(なにもかも説明するのは無意味) を唱えた。

釈すべきと釈すべかざるとの区分がある。例えば史部の書の場合、正史、編年の史書は説明は不要だが、雑史や覇史の書は内容が複雑なので注釈を加える必要がある。書の作者・注者を示す場合。『唐六典』三十巻(唐明皇撰、李林甫注)。書名を釈す場合。『三蒼』三巻(郭璞撰、秦相李斯作『蒼頡篇』、漢揚雄作『訓纂篇』、後漢郎中賈魴作『滂喜篇』、故曰『三蒼』)。

(4) 図譜を重視した。

「古之学者、為学有要、置図於左、置書於右、索象於図、索理於書」(古の学者は、学を為めて要あり、図を左に置き、書を右に置き、象を図に索め、理を書に索む)

鄭樵は『図譜略』を設けた他に、芸文略では、類目の下に図譜の類目を分けて出している。例えば、春秋家の下に図、会礼家の下に礼図がある。

(5) 古代の書を略にし近代の書を詳細にした。

  * 『通志』は、『十通』所収本、『国学基本叢書』所収本があり、別に『国学基本叢書』本にもとづいた 1965 年台湾・新興書局刊の 12 冊本がある。「芸文略」はその巻 63 から巻 70 に収められている。

王応麟『玉海』芸文類の図書分類

王応麟(1223〜96年)、字は伯厚、南宋・淳祐元年(1241年)19歳で進士に合格、34歳で博学宏詞科に及第。元の侵攻する難局のなかにあって摂吏部尚書に任ぜられて辺防を論じ、賈似道の専権を批判したが、徳祐2年(1276)、宋王朝滅亡後は郷里・鄞県に隠棲して著述に専念した。『困学紀聞』20巻、『漢芸文志考証』、『玉海』200巻附4巻の著が有名である。『玉海』は勅命によって撰した類書であるが、他の類書とは体制を異にし、経史子集から諸家の伝記にいたるまですべて備わり、新しい類書の形式を開いた。その体裁は大きく分けると、

  天文、律暦、地理、帝学、聖学、芸文、詔令、礼儀、車服、器用、郊祀、音楽、学校、選挙、官制、兵制、朝貢、宮室、食貨、兵捷、祥瑞

の21門あり、そのなかの巻35から巻63までの芸文類が書物の分類にあてられている。

今、台湾・大化書局刊(民国66年)『合璧本玉海』8冊(これは、方豪の序によると、京都・建仁寺両足院所蔵元・至正12年重刊本を底本とし、静嘉堂文庫蔵本により鈔補したという。その後、1986年、京都・中文出版社が重印)によって分類を見ると以下のようである。

  易(擬易附)、書、詩、三礼、春秋、続春秋、論語、

孝経、経解、総六経、讐正五経(しゅうせい)、小学、古史、正史、雑史、編年、実録、記注、政要　宝訓（聖政附）、論史、譜牒、玉牒図譜、典故、会要、書目、諸子、総集文章、承詔撰述類書、著書（別集）、賜書、図、図絵名臣、記、志、伝、録、詩（歌）、賦、箴、銘、頌、奏疏、論、序、賛、経、芸術

　易から小学までが「経」に相当し、古史から書目までが「史」に相当し、諸子が「子」に相当し、総集文章から芸術までが「集」に相当する。
　補足説明を加えておく。擬易とは、揚雄の『太玄』や司馬光の『潜虚(せんきょ)』のごとき易書。三礼はいうまでもなく『礼記』『儀礼』『周礼』。続春秋とは、『呂氏春秋』『呉越春秋』を始め『唐春秋』『五代春秋』のごとき史部に属する書であり、「又見編年」と説明されている。讐正五経(しゅうせい)とは、漢石経以後の宋朝石経に至るまでの石経や経書の校定（例、咸平校定七経疏義　邢昺(けいへい)ら奉勅撰）。政要宝訓は例えば『唐開元政要』。玉牒図譜は王室の系譜。典故は典章制度の故事、唐故事十七家の類。諸子の書はきわめて少ない。著書別集のなかに諸子に属する書が含まれている。賜書(ししょ)という分類はきわめて特徴的であり、ここには天子から賜った書が記載されている。例えば『淳化賜儒行篇』とは、淳化3年、詔をもって新印の儒行篇（礼記の一篇）を中書枢密両制三館などの人に各1軸を賜ったという書である。図は『漢三礼図』『朝貢図』『博古図』など種々の図。図のなか

でも名臣や功臣は図絵名臣に分類されている。記は『孔子三朝記』『拾遺記』『初学記』などの記と名づけられた書。志は『人物志』『鄭志』『博物志』などの志と名づけられた書。最後の芸術は、占卜、医術、緯書、本草などであるが、奇妙なことに「天禧雲笈七籤(てんきうんきゅうしちせん)」という道教の叢書が含まれている。

［内藤湖南の評］
「彼は（中略）一種の新らしい目録学を起した。即ち当時にあまり知られぬ本又はなくなった本につき、内容の概念を与えることに骨を折った。玉海には、当時に残った本のことも多く挙げたが、その挙げ方は、その本の内容の大体を知らしめるように挙げたので、内容の明かなものは簡単にし、むしろその本の出来るまでの他の本との関係に注意した。つまり現在残っている本との間の内容の連絡をつけ、歴史的に学問の道筋が通るように考えたのである」

［倉石武四郎の評］
「そのうち、たとえば易についても最初に隋志の易に関する源流興廃の説を一とおり引用した上に、伏羲河図、重卦、神農重卦説についての文献を克明に寄せあつめ、次には伏羲十言教、黄帝河図等、鄭樵によれば古易と称する部分を述べてから、周易およびその各項目、たとえば周三易、周易象、四象、八索、孔子十翼、易大伝に及び、次ぎには子夏易伝以後、宋までの注釈研究につき一々資料を分

輯し、最後に古易五家および太玄、通玄、潜虚のいわゆる擬易について詳述している。その資料が正確であってしかも隠微の中から探り出していること驚くべきで、著者の博洽に対し驚嘆せざるを得ない。（中略）最後に列した芸術は即ち方伎家であって、経史子集の拘束を離れて時代的要求を中心に考えるならば、こうした取りあつかいが最も合理的であることは疑いない」

6. 元明時代の図書分類

(1) 『秘書監志』と『宋史』芸文志

『秘書監志』

　元時代の図書目録には王士点・商企翁撰『秘書監志』11巻があり、元の順帝・至正2年（1342）に完成した。しかし、この書は、在庫の書籍、先に書庫に送られた書籍、あとから書庫に送られた書籍などという記載があり、それぞれが何部何冊であったかが記されているだけで、書名や巻数は記載されていない。分類のしかたは基本的には経、史、子、集であるが、道書、医書、方書、法帖、類書、小学などが別に記載されている。これは、図書分類ではなくて、秘書監に収蔵された蔵書の清冊（台帳）というべきであろう。ただし、注意したいのは、第7巻回回書籍の条にアラビア文字の数学の書籍が43部も記載されていることである。『秘書監志』は以前は、台湾・文海出版社『元明

史料叢編』所収本（鈔本、11巻、王士点撰）を用いていたが、近年、浙江古籍出版社の「元代史料叢刊」シリーズの1冊として、『広倉学宭叢書(こうそうがくくん)』本と文海出版社鈔本を底本とした点校本が出された（1992年）。その他、銭大昕「補元史芸文志」によると、危素撰『史館購書目録』、毛文在撰『上都分学書目』というものがあったらしいが、すべて亡佚している。

明・宋濂(そうれん)等奉勅撰『元史』には「芸文志」が欠けているので、それを補うために3種の『元史芸文志』輯本が編纂されていた。すなわち、清・銭大昕の「補元史芸文志」4巻（『潜研堂集』所収）、倪燦(げいさん)「補遼金元芸文志」1巻（清・盧文弨(ろぶんしょう)『羣書拾補初編』所収）、清・金門詔「補三史芸文志」（文政8年昌平坂学問所刊本『八史経籍志』所収）があり、今ではすべて『二十五史補編』（上海開明書店、1936年）に収められているのを見ることができる。ところが、最近、雒(らく)竹筠(ちくいん)（1990年、82歳で没す）遺稿、李新乾(りしんけん)編補『元史芸文志輯本』（北京燕山出版社、1999年）が現れた。これは銭大昕「補元史芸文志」などが小説、戯曲を著録していないのを遺憾として集部に小説類、曲類を設けている。これは清・黄文暘『曲海総目提要(こうぶんよう)』46巻とともに近世小説、戯曲を研究する者にとって有用な目録であろう。なお、書名の後に存佚をも記載されている。

『宋史』芸文志

元の順帝の至正3年（1343）3月、脱脱などが勅を奉じ

て『宋史』の撰集を開始し、5年10月には完成した。わずか2年半という短い期間である。その「芸文志」の編纂経過については、序文に説明がある。

『宋史』芸文志序

「宋旧史、自太祖至寧宗、為書凡四。志芸文者、前後部帙、有亡増損、互有異同。今刪其重複、合為一志、蓋（「益」の誤）以寧宗以後史之所未錄者。倣前史分経史子集四類而条列之。大凡為書九千八百十九部、十一万九千九百七十二卷云」（宋の旧史は、太祖先自り寧宗に至るまで、書を為ること凡そ四たび。芸文を志す者は、前後の部帙に、有亡(うむ)増損、互いに異同有り。今其の重複を刪り、合して一志と為し、益すに寧宗以後の史の未だ錄せざる所の者を以てし、前史の経史子集四類に分かつに倣(なら)いて之を条列す。大凡そ書為ること九千八百十九部、十一万九千九百七十二卷と云う）

「書を為ること凡そ四たび」というのは、『三朝国史芸文志』『両朝国史芸文志』『四朝国史芸文志』と『中興国史芸文志』の4種の「芸文志」がつくられたことを指し、『宋史』芸文志は、これら4種の重複を削り、合併して成ったのである。その分類については、前史（『新唐書』）のそれを踏襲して経、史、子、集に分類し配列したという。合計9819部、11万9972巻あるという。

その分類は以下のごとくである。

　　経類　易類、書類、詩類、礼類、楽類、春秋類、孝経

　　　　類、論語類、経解類、小学類　　　10類
　　史類　正史類、編年類、別史類、史鈔類、故事類、職
　　　　官類、伝記類、儀注類、刑法類、目録類、譜牒
　　　　類、地理類、覇史類　　　13類
　　子類　儒家類、道家類（釈氏及神仙附）、法家類、名家
　　　　類、墨家類、縦横家類、農家類、雑家類、小説
　　　　家類、天文類、五行類、蓍亀(しき)類、暦算類、兵書
　　　　類、雑芸術類、類事類、医書類　　　17類
　　集類　楚辞類、別集類、総集類、文史類　　　4類

　その体制は、書名、巻数、撰者の姓名を記すだけであり、撰者の姓名は多くは前に置かれ、場合によっては小注が附される。例えば、「易髄八巻」の下注に「晋人撰、不知姓名」のごとくである。また、どの類も記載が終わったら、その類の部・巻数が記される。「右易類二百十三部、千七百四十巻、王柏読易記以下不著録十九部、一百八十六巻」のごとくである。また大類のあとにも、その類の部・巻数が記される。「凡経類一千三百四部、一万三千六百八巻」のごとくである。

　ところで、この書目は宋代のいくつかの書目にもとづいて編纂されたもので、実際に目にした書籍の目録ではない。しかも編纂が粗雑であって、重出や誤りがかなりある。例えば、『劉公嘉話』と『賓客嘉話』は同じ書物なのに小説家類に重出しているし、『郡斎読書志』は目録類と載記類とに重出している。『兼明書』（唐・丘光庭撰、今、

『宝顔堂秘笈彙函』『筆記小説大観』四編に収める）は経部礼類に入れているのに、さらに経解類に入れている。また、『遂初堂書目』のような著名な書目を誤って『遂安堂書目』と記載している。このような記載の重複や誤記は枚挙にいとまがない。そこで後世、厳しい批評が出ている。『四庫提要』には、「紕漏顚倒、瑕隙百出、於史志中最爲叢脞」（紕漏顚倒、瑕隙百出し、史志中に於て最も叢脞たり）。清の銭大昕の『廿二史考異』は、「此志合三朝、両朝、四朝、中興国史而爲一、当時史臣無学、不能博渉群書、考其同異、故部分乖刺、前後顚倒、較之前史、踳駁尤甚」（此の志は三朝、両朝、四朝、中興の国史を合して一と爲す、当時の史臣は無学にして、群書を博渉して其の同異を考うる能わず、故に部分は乖刺し、前後は顚倒し、之を前史に較ぶるに、踳駁尤も甚だし）とまで評している。このような欠点を補うものとして、清の倪燦による「宋史芸文志補」があるが、遺漏を補ったにすぎない。

楊家駱編『宋史芸文志廣編』上下冊（『中国目録学名著』第3集、台湾・世界書局、1975年）には、「宋史芸文志」のほかに倪燦「宋史芸文志補」、附編として清・徐松「四庫闕書目」、「秘書省続到四庫闕書目」「中興館閣書目」「中興館閣続書目」「宋国史芸文志」書名人名索引がある。

［内藤湖南の評］
「元になると宋史芸文志が出来た。これは従来、乱雑であるとて攻撃されている。宋史全体が不評判なために芸文

志も攻撃されるが、その方法は新唐書芸文志と同じ方法を取ったにすぎない。宋代に作られた四度の目録を一つに合併し、宋末の本で之に入らぬものを附加し、それらは唐志と同様に不著録として載せたのである。ただ四度の目録を合併し、その重複を削っただけで、精密に之に関して考えなかったので、手落ちや誤りがあって攻撃されるが、それは新唐書も同じである。殊に宋末の如く非常に本の殖えた時には、目録学は困難とならざるを得ない。殊に宋の亡びて後八十年九十年たって編纂するには多くの困難があったのであろう。要するに宋史芸文志の頃より、宋代の著述目録としては多少参考になるが、それ以前の本に関しては、唐書芸文志からあまり役に立たぬようになっているが、宋史芸文志もこの点に於ては同じである。巻数の如きも、前代の目録と同じであっても、果して同じ内容であるか否かさえ不明になった。宋以前の古書については、清朝の学者も之には頼らない。ここに至って正史の芸文志は行きづまり、古来の本をそのまま正史に著録することは漸く無意味となった。それ故、これより後に正史を編纂する時には、芸文志を作らぬか、或は作るからには、別の方法を取らねばならなくなった。これ明史の芸文志が古来の方法を一変した所以である」

(2) 『文献通考』「経籍考」

　馬端臨の『文献通考』348巻の中の巻174から巻249の「経籍考」76巻は主に『郡斎読書志』『直斎書録解題』の2

書を材料とし、これに公私の目録や関係する著述を広く採用してつくられた。経籍考は各類に小序があり、各志に解題がある。

> ＊『文献通考』は、1970 年に京都・中文出版社から上中下 3 冊本が出ていて便利である。これは乾隆帝の御製序のある乾隆 13 年（1748）の刊本である。その他に、『国学基本叢書』のなかにも影印本 3 冊がある（台湾・新興書局、1960 年）。なお、『九通』『十通』にも収録されている。

「経籍考」自序
「今所録先以四代史志列其目、其存於近世而可者、則采衆寡家書目所評、併旁捜史伝文集雑説詩話、凡議論所及、可以紀其著作之本末、考其流伝之真偽、訂其文理之純駁者則具載焉」（今録する所は先ず四代の史志を以て其の目を列し、其の近世に存して可なる者は、則ち衆寡家の書目の評する所を采り、併せて旁ら史伝文集雑説詩話を捜し、凡そ議論の及ぶ所は、以て其の著作の本末を紀し、其の流伝の真偽を考え、其の文理の純駁の訂す可き者は、則ち具（つぶ）さに焉に載す）

馬端臨が参考にした書目は、上記の 2 書のほかに、『漢志』『隋志』『新唐書』『宋三朝志』『宋両朝志』『宋四朝志』『宋中興志』『崇文総目』『通志・芸文略』などである。その総序は簡明な目録学史といえる。上古から南宋の寧宗・嘉定年間以前までの豊富な文献資料を並べて議論を展開していて、後世の朱彝尊（いそん）『経義考』、章学誠『史籍考』、謝啓

昆『小学考』はみなその体例にならっていて、「輯録体」と呼ばれている。この体例の長所は、各種の学術の淵源や、各書の内容の梗概がこの一篇を見ればその説明がみな備わっている点にある。

「経籍考」76巻は、経、史、子、集の四部、57門に分けられている。

    経部   易類、書類、詩類、礼類、春秋類、論語類、孟子類、孝経類、経解類、楽類、儀注類、諡法類、讖緯類、小学類

    史部   正史類、編年類、起居注類、雑史類、伝記類、偽史覇史類、史評史鈔類、故事類、職官類、刑法類、地理類、時令類、譜牒類、目録類

    子部   儒家類、道家類、法家類、名家類、墨家類、縦横家類、雑家類、小説家類、農家類、陰陽家類、天文類、暦算類、五行類、占筮類、形法類、兵書類、医家類、房中類、神仙家類、釈氏類、類書類、雑芸術類

    集部   賦詩類、別集類、詩集類、歌詞類、章奏類、総集類、文史類

「経籍考」の体裁は、総序のほかに、四部のあとには序がなくて、類のあとに小序があり、学術の源流・流派、変化の過程を述べたり、類目を立てたり、部属を改めた理由を説明している。小序のあとにはさらに、漢・隋・唐・宋

の芸文志に著録された同じ類の家数、部数、篇巻数などを記載している。

[内藤湖南の評]

「王応麟と並んで有名なのは、宋末の文献通考の経籍考であるが、これも勿論目録学上大切なもので、どうかすると、今日この本がないと解題さえ出来ぬ本が多い。崇文総目の大部分はこの本より復活された。彼の最もよく用いたのは郡斎読書志と直斎書録解題であるが、その他にも用い得べきものはよく集めた。彼も亦上手に人の書いたものを利用して自分の著述になるように配列した。これは詳しく書かれ、解題の意味も明瞭なる為めに、後世の人から珍重された。しかしその集め方は、高似孫、王応麟の如く、学問の全体の上より考える意味があったかどうかは疑問である。ともかく、解題らしいものは集めておいたので、一貫した主義はないらしい。清朝の学者は、己が使うのに便利なものを褒めたので、——鄭樵の不評判や、楊守敬の史略攻撃もこの傾きがあると思われる。——文献通考は少し買い被った嫌いがないでもない。畢竟便利であるというに止まり、著者の見識の見るべきものがあるのではない。しかしともかく目録学の材料としては、この経籍考は必要なものである」

(3) 明代の書目 『文淵閣書目』『内閣蔵書目録』

明の太祖は元を滅ぼして後、大将軍・徐達に命じて元の

図書を南京に送らせた。これらの図書は宋・金・元の三王朝旧蔵のものであるから、ほとんどが宋元の刻本や抄本である。成帝・永楽年間に都を北京に移したので、これを北京に移送し、さらに天下の書籍を購入したので、文淵閣に蔵せられる宮中の蔵書は2万部余り、100万巻近くになった。そこで、正統(せいとう)年間、大学士・楊士奇らは文淵閣の蔵書を逐一校勘して書目を編み、正統6年（1441）に『文淵閣書目』が完成した。『四庫全書総目』では4巻とされるが、もともと分巻されていない。この目録は経、史、子、集には分けられず、千字文(せんじもん)の順に従って配列されている。20号、50厨(ちゅう)、7256部、4万3200余冊。そのうち、刻本が3割、抄本が7割である。

  天字号 国朝
  地字号 易、書、詩、春秋、周礼、儀礼、礼記
  玄字号 礼書、楽書、諸経総類
  黄字号 四書、性理附、経済
  宇字号 史
  宙字号 史附、史雑
  洪字号 子書
  荒字号 子雑、雑附
  日字号 文集
  月字号 詩詞
  盈字号 類書
  昃字号 韻書、姓氏

辰字号	法帖、画譜（諸譜附）
宿字号	政書、刑書、兵法、算法
列字号	陰陽、医書、農圃
張字号	道書
寒字号	仏書
来字号	古今志
暑字号	旧志
往字号	新志

　本書は、『書目三編』（台湾・広文書局、1972年）に『読書斎叢書』本の影印が収められている。

［倉石武四郎の評］
　「まったく実用の帳簿で号数厨数、書物の書名冊数完否を記すのみで、巻数さえ明らかでない。中には今日に存すれば如何ほどか珍しいかと思われる書物の名も見えるが、これではそれ以上に利用の道がない。分類として四書や性理経済などが出ているのはたしかに宋学の影響であり、詩詞の末に戯曲数点を加えたのも、実存目録の故と思われる」

　神宗の万暦33年（1605）、内閣勅房弁事大理事左寺副・孫能伝、中書舎人張萱（ちょうけん）らが『内閣蔵書目録』8巻を編纂した。この書目の分類は小類を廃して一律に部を称して、聖制、典制、経、史、子、集、総集、類書、金石、図経、楽

律、字学、理学、奏疏、伝記、技芸、志乗、雑部の18部に分けている。そのなかには、「図経」がありながら「志乗」が列せられたり、「史部」がありながら「伝記」が列せられるなど、分類に当を失しているところが多い。撰人の姓氏や官職を簡略にして記載したりしている。まま解題があるが、きわめて簡略である。本書は『書目続編』（台湾・広文書局、1972年）に『適園叢書』本の影印が収められている。

以上の2書目のほかにも官修の目録に、馬愉（ばゆ）『秘書閣書目』、銭溥（せんふ）『内閣総目』などがあった。

(4) 焦竑（しょうこう）『国史経籍志』6巻

焦竑は字弱侯（じゃくこう）、号澹園（たんえん）、江寧の人。神宗の万暦17年（1589）、殿試に第1位で合格、翰林院修撰になった。彼の家は蔵書に富み、そのほとんどは自ら手抄したものという。万暦22年（1594）、大学士・陳于陛の建議により国史が焦竑の主宰で編纂されることになった。こうしてできたのが『国史経籍志』である。

『国史経籍志』の特徴：

(1) 分類はやや細かく、基本的には鄭樵の「芸文略」にならっている。「部分不分則兵乱、類例不立則書亡」（部分分かれざれば則ち兵乱る、類例立てられざれば則ち書亡ぶ）と述べて、類例の重要さを強調している。類の下にさらに子目（しもく）を分け、収めている書目は存佚を問わない。これらは鄭樵にならっている。経部易類の下

に古易、石経など14門を設けたり、史部伝記類の下に耆旧(きゅう)、孝友など12門を設けているのは、「芸文略」と同じである。四部の前に制書類が置かれ、それは御制、中宮御制、勅修、記注時政の四つに分かれている。
(2) 類のあとに総論があり、学術の淵源と類目の要旨を明らかにしていて役立つ。
(3) 書末に「糾謬(きゅうびゅう)」1巻があり、過去の書目「漢志」「隋志」「唐志」「唐四庫書目」「宋志」「崇文総目」「芸文略」「晁志」「文献通考・経籍考」などの書目について、その分類の誤りを指摘していて、いくらかの創見がある。

　その分類は以下のとおり。

　　経類　易、書、詩、春秋、礼、楽、孝経、論語、孟子、経総解、小学　　11門
　　史類　正史、編年、覇史、雑史、起居注、故事、職官、時令、食貨、儀注、法令、伝記、地理、譜系、簿録　　15門
　　子類　儒家、道家、釈家、名家、法家、縦横家、雑家、農家、小説家、兵家、天文家、五行家、医家、芸術家、類家　　15門
　　集類　制誥、表奏、賦頌、別集、総集、詩文評　　6門

各門の下にさらに細目があり、その学の家数を示し、読者がその書を見なくてもその書が何家から出て、学が何派から出ているかが分かる。

　本書は、『書目五編』（台湾・広文書局、1972年）に『粵(えつ)雅堂(がどう)叢書』本の影印が収められている他に、1959年、北京・商務印書館から『明史芸文志』『明書経籍志』などと合わせた標点活字本2冊として出版されている。

　［内藤湖南の評］
　「明代には全く目録学に注意した人はなかったが、明末になって、焦竑が出て目録学に志があり、国史経籍志を作った。これは古く日本でも翻刻された。焦竑の目録学は鄭樵に負う所が多く、大体は四部の分類であるが、その子目の分け方、又子目の中にあるものの分け方は大分鄭樵を真似た。いくらか体裁の異なる点としては、四部以外に制書類を設け、之を劈頭に出した。これは御製・中宮御製（明代には皇后の御製が多い）・勅修・記注時政に分けた。それ故、史部の中で、実録・起居注又はそれらを基礎とした個人の著述までをここに網羅して、四部の分類法を破った。これは天子に関するものを別にする尊王心から出たが、分類法としては宜しきを得たものでない。又史類の中に於ても、いくらか新しいものを入れて、例えば食貨を独立させた。（中略）集類の子目でも、制誥・表奏・賦頌を別集・総集の外に出したが、これも分類法としては混雑を来すのであって、殊に賦頌を別にすると、別集から拾い出

さねばならず、ただ例を破るに止まり、学術的にもならず、便利にもならぬ」

(5) 明代の私家の蔵書目録

明代には私蔵の蔵書目録が非常に多くなった。ここには、『菉竹堂書目』『萬巻堂書目』『天一閣書目』『千頃堂書目』『澹生堂蔵書目』『百川書志』などを紹介する。

『菉竹堂書目』6巻、葉盛撰

葉盛は江蘇省崑山の蔵書家。著録されている図書は4600冊余り、2万2700巻余り。たいていは撰人の姓氏を載せていない。その自序に「先之以制、尊朝廷心也」（之に先んずるに制を以てするは、朝廷を尊ぶの心なり）という。首巻は「制」、すなわち官頒の書および賜書、賜勅の類である。次の経、史、子、集各1巻。順序や体例はおおむね『文献通考』「経籍考」にもとづいているが、いくらか変更がある。経部で四書性理が最後に置かれ、集部では挙業類を別出しており、また詩集類がない。末尾に後録があって、彼の家で刊行された書や自身の著書を挙げている。また、別に新書目1巻があり、夏言や王守仁などの集を収めている。『粤雅堂叢書』第15集所収。

『萬巻堂書目』4巻、朱睦㮮撰

朱睦㮮は明の宗室である。著書に『授経図』『経序録』などがあり、伝は『明史』周王㮮伝に見える。書籍の収集

を好んだ。この書目は穆宗・隆慶4年（1570）に成る。1500部、1万2560巻を著録し、四部に分け、時代、姓氏をそれぞれの書の下に添えている。本書は、葉徳輝輯『観古堂書目叢刻』、『書目五編』（台湾・広文書局、1972年）に収められている。

『天一閣書目』

　明の蔵書家として袁忠徹の静思斎、瞻袞堂、豊坊の万巻楼、范欽の天一閣が有名であるが、范欽は浙江・鄞県の人。そのなかで范氏の天一閣は今も残っていて現存の最も古い蔵書楼である。天一閣にはもと7万巻以上の書籍が蔵され、すべて宋・元・明の刻本や鈔本であった。蔵書の来源は、①豊氏万巻楼の残余が范氏に帰した、②范欽自身が購入したり、鈔写した、③寧波・范大徹の蔵書を合併したこと、にある。天一閣蔵書の特徴として明代の地方志が多いことが言われているが、旧刻、旧鈔本の地方志約271種が現在も保存されている（そのなかの140巻が近年、『天一閣蔵明代方志選刊』『同続編』と題されて1982年、1990年、上海書店から影印出版された）。索引として華東師範大学図書館編『天一閣蔵明代地方志選刊人物資料人名索引』（上海書店、1997年）がある。

　天一閣の蔵書目録で最も早いのは、范欽自身が編集した『東明書目』と『四明范氏書目』であるが、どちらもすでに失われている。現存の天一閣蔵書目録には以下の7種がある。

(1) 『四明天一閣蔵書目録』2冊。『嘉慶 壬戌天一閣書目』とも称する。羅振玉『玉簡斎叢書』所収。撰者不詳。巻末に「嘉慶壬戌歳」の文字がある。四部に分けず、千字文の順に配列されている。4801種、4720冊。撰人の姓氏、巻数を記せず、ただ書名、冊数が記されているだけ。

(2) 『天一閣書目』10巻。嘉慶8、9年（1803、04）の間、浙江巡撫阮元が范氏の後人の范邦甸に命じて編纂させた。この書目の体例は四部に分けられ、撰人の姓氏、巻数、鈔本、版本、序跋の有無を記載し、著録のしかたは詳細である。『阮氏文選楼叢書』刊本。

(3) 『天一閣見存書目』12巻。浙江布政使劉喜海編。阮元の書目にもとづいて分類編纂し、阮元の書目に載せられていない書籍463種を増した。

(4) 『天一閣見存書目』4巻、首末2巻。光緒10年（1884）、浙江寧紹台・薛福成が銭学嘉らに命じて編纂させ、光緒15年刊行された。経、史、子、集の四部に分けられ、巻末に范氏家の著述、石刻碑目、新蔵の書目を収める。無錫薛氏刊本。1970年、台湾・古亭書屋より陳登原「天一閣蔵書考」を附録した影印本が出版されている。

(5) 『目睹天一閣書録』4巻、附編1巻。1928年、林集虚編。薛福成の書目によって編次し、撰人、巻数、版本などを記載している。

(6) 『重編寧波范氏天一閣図書目録』1冊。1930年、楊鉄

夫らが薛福成の書目に拠って編纂。
(7)『鄞范氏天一閣書目内編』10巻。1940年、馮貞群(ふうていぐん)編。この書目は残余の書目、書蔵目録、范氏家著目、附録、補遺から成り、2万巻余りを著録している。なお近年、『新編天一閣書目』(北京・中華書局、1996年) が出た。

『千頃堂書目』32巻、黄虞稷(こうぐしょく)撰

この書目は彼の家にもと家蔵されていた書と彼が集めた書にもとづいている。経部11類、史部18類、子部12類、集部8類に分けられている。明一代の撰述を収録しているが、各類の後に、宋末、遼、金、元の書目を附録していて、『宋史』芸文志の遺漏を補い、遼、金、元3代の書目を補っている。この書目は書名、巻数のほかに撰人の略歴をも注記している。『書目叢編』(台湾・広文書局、1967年) に収められている。

『澹生堂蔵書目』(たんせい)不分巻。祁承㸁(ぎしょうかん)(1563〜1628年)撰

浙江紹興の人、万暦32年の進士。官は江西布政使司右参政に至る。彼の家は浙東の蔵書家の家柄であり、蒐書は10万余巻にのぼったという。4部、40類、235目に分け、表格式を用いて著録され、毎葉8行、行ごと上下の2欄に分けられ、上欄には書名、下欄は2行に分けられ、巻数、冊数、撰人の時代、および姓名から版本、細目、附録、注解を載せている。また、この書目は互著、別裁の方法を用

171

いている。例えば、叢書類小説目には『四十家小説』およびその細目が著録されているが、小説家類叢書目には重複してその書名、巻数、冊数が著録されている。

* 『紹興先正遺書』第3集に光緒18年刊の14巻本が収録されている。原写本は不分巻であり、14巻本との間には著録の格式と項目にやや相異がある。

『百川書志』20巻、高儒撰

高儒は百川子(ひゃくせんし)と号し、涿州(たくしゅう)の人。嘉靖時代の武人であったが、蔵書を好んだ。彼の家には三世の蔵書があった。嘉靖19年(1540)、この書目を完成した。その分類は四部分類法に従っているが、細目は93門あり、ここには彼の創見が見られる。経志には12類のほかに、経総、儀注、道学、蒙求の4類が増加し、子志では『七略』の十家の外に、徳行、崇正、政教、隠家、格物、翰墨の六家が増している。集志の類目はさらに詳細であり、例えば詩文を分けて、秦漢六朝文、唐文、宋文、元文、聖朝御製文、睿製(えいせい)文、名臣文、漢魏六朝詩、唐詩、宋詩、元詩、聖朝御製詩集、睿製詩集、名臣詩集のように細分されている。

この書目の野史、外史、小史の3門には小説や戯曲の目録が著録されているが、これは当時の士大夫には重視されなかったものであり、金、元、明の文学史を研究するには重要な材料となるであろう。例えば、「史志・野史類」に「三国志通俗演義二百四巻。晋平陽侯陳寿史伝、明羅貫中編次。拠正史、采小説、証文辞、通好尚、非俗非虚、易観

易入、非史氏蒼古之文、去謷伝詼諧之気、陳叙百年、該括万事」(三国志通俗演義二百四巻。晋の平陽侯陳寿の史伝、明の羅貫中の編次。正史に拠り、小説を采り、文辞を証し、好尚を通じ、俗に非ず虚に非ず、観易く入り易く、史氏蒼古の文に非ず、謷伝詼諧の気を去り、百年を陳叙し、万事を該括す)と記され、また、「忠義水滸伝一百巻」も著録されている。こういう事例を見ると撰者・高儒は古い規範を破ろうとしているようである。本書は、『書目五編』(台湾・広文書局、1972年)に収められているほか、1957年、古典文学出版社から明・周弘祖『古今書刻』をあわせた活字本が出ている。

　以上のほかに、晁瑮『晁氏宝文堂書目』3巻は、子部雑門および楽府門に小説・戯曲の目録を多く著録している。晁氏は嘉靖20年(1541)の進士で、官は国子監司業に登った。『北平図書館館刊』(民国18年、1929年)に連載された。徐𤊹『徐氏紅雨楼書目』4巻も文芸方面の図書を多く著録している。巻三子部伝奇類には元明の雑劇・伝奇140種も著録されている。集部に著録される『明詩選』の部分には詩の作者の履歴が注記されていて明代文学の重要な資料となっている。趙用賢『趙定宇書目』は、図書を登録する帳簿の形式をとっているので、類列は精密でなく、排列にも順序がない。趙用賢は隆慶5年(1571)の進士。

7. 清代の図書分類

(1)『明史』芸文志の分類

『明史』芸文志 4 巻　清・張廷玉主編

　明人の著述 4000 種余りを収録している。経、史、子、集の四部に分け、経部 10 類、史部 10 類、子部 12 類、集部 3 類から成る。首に総序があり、明代の館閣の蔵書の状況を述べる。著録はみな作者の姓名を書名の上に置き、巻数を記す。各類の末に、その類の部数・巻数を記載する。「右易類二百二十部、一千五百七十巻」のごとくである。いくらかの書籍には注記がある。例えば、豊坊『古易世学』15 巻の下注に、「坊云う、家に『古易』有り、遠祖豊稷自り伝う」とある。また、史部雑史類の楊儀『隴起雑事』の下注に、「紀張士誠、韓林児、徐寿輝事」（張士誠、韓林児、徐寿輝の事を紀す）とある。

　分類は以下のごとくである。

  経部　易類、書類、詩類、礼類、楽類、春秋類、孝経
　　　　類、諸経類、四書類、小学類　　10 類
  史部　正史類、雑史類、史鈔類、故事類、職官類、儀
　　　　注類、刑法類、伝奇類、地理類、譜牒類　　10
　　　　類
  子部　儒家類、雑家類、農家類、小説家類、兵書類、

　　　　天文類、暦数類、五行類、芸術類（医書附録）、
　　　類書類、道家類、釈家類　　　12類
　集部　別集類、総集類、文史類　　3類

編纂の経過

　前に述べた『千頃堂書目』の撰者・黄虞稷は、まだ明史纂修館に入る前から、すでに明朝の著述を集めて、明人の著述を主体にした『千頃堂書目』を著した。彼は康熙20年（1681）、明史館に入り、『明史』芸文志の編纂を担当したが、その体例は『千頃堂書目』と同様に明人の著述を主とし、毎類の後に南宋、遼、金、元人の著作を附録するものであったという。その初稿は康熙28年にできたという。しかし、康熙33年（1694）から雍正元年（1723）の間、清史館総纂・王鴻緒が『明史稿』を編纂した時に、『千頃堂書目』にいう「特に其の幽僻にして伝わらざると巻帙氏里の考う可からざる者を去る」と同時に、附録されていた南宋、遼、金、元4朝の著作はすべて刪去した。また、部分的に部類を移し替えたり改めたりもしている。わずかに4000種余りを残した。王鴻緒の刪削のしかたには原則がなく、著作の価値の優劣とか、著作の存佚残欠とかが標準になっているのでもない。そこで後世の学者たち、杭世駿、全祖望、盧文弨らは不満であった。しかし、清の張廷玉らが『明史』芸文志を纂修した時にはほとんど王鴻緒の刪去した「芸文志」を踏襲している。

　以上に述べたことで分かるように、現在の『明史』芸文

志では、実際に明代に流布していた著作の全体の状況は把握できない。そこで近年になって、1959年、北京・商務印書館は『明史芸文志・補編・附編』上下冊を出版し、『明史』芸文志のほかに、補編には清・傅維鱗『明書経籍志』(『文淵閣書目』『南雍志経籍考』にもとづいて改変したもの)、明・王圻(おうき)『続文献通考』経籍考、『欽定文献通考』経籍考(乾隆中官修。『四庫全書総目』に著録されたり、存目として記載された明以前および明人の著作を収める)を載せ、附編には、明・焦竑(しょうこう)『国史経籍志』、清・宋定国・謝星纏(しゃせいてん)合編『国史経籍志補』を載せて全貌が分かるようになった。これには四角号碼(ごうま)による書名、人名索引がつけられている。なお、台湾・世界書局刊『明史芸文志広編』4冊(中国学術名著第6輯、1976年)は、その復印本である。

[内藤湖南の評]

「真の目録学即ち学問の源流に関する目録学としては別にその方の著述もある。正史の方の書目としては明史芸文志であるけれども、正史の芸文志は明史に至って一変した。明史芸文志では、古来伝来の書籍の目録は一切省き、明一代の著述のみを集めたのである。その序に、焦竑の国史経籍志は詳博でよい本だと云われたが、焦竑は朝廷の蔵書を見た訳でもなし、何か証拠があって今日どれだけの本が残っているかを書いたのではなく、ただ伝聞を書き集めたに過ぎず、書目の学問としては不確かである。それで昔からの伝来の書は一切省いて、明一代の著述のみを集めた

と云っている。どうして作ったかということは、明史稿によると、個人の家蔵の書目を取ってやや整理したとあり、これは千頃堂書目などを取ったことをいうのである。従来正史の芸文志・経籍志は、支那全体の現在書目を示し、その書籍並びに学問の源流を論じたが、ここに至って全く体裁も内容も一変した。明史芸文志は、体裁は大体新唐書芸文志によっている。従来正史は断代史なるに拘らず、芸文志だけは通史の性質を帯び、古来よりその時代まで残った書を現わしていたが、ここに至って芸文志も断代史的に一変した。こうなれば将来は清史もこの例を追うより外であろう」

［倉石武四郎の評］
「清朝がおこって明史を撰述するとき芸文志四巻ができたが、その体裁は従来の正史芸文志と違って明二百七十年各家の著述だけを集め、歴代の著述はすべて省略した。当時、明史芸文志の藍本たるべきものとして誰でも考えるのは焦竑の国史経籍志であるが、これについて明史では「詳博と称せらるるが延閣、広内の蔵を一々見たわけでもないから、前代の陳編は何によりて記録されよう。区々として遺聞を拾いあつめ、上は隋志を承けようとしているが、贋書が錯列して徒に譌舛を滋すものだ」と烈しい語気を用いている。つまりこうして前代からの書物を著録することは無意味だという立てまえから、その編纂法を棄てた所に明史芸文志の特色があるのであって、実はその資料として千

177

頃堂書目を利用したということが明らかである。というのは黄虞稷自身が明史の編纂にあずかったこと（江甯府志）からも推定され、明史稿に個人の家蔵を取ってやや整理したというのは実は千頃堂を指すものといわれる。かくして従来の正史芸文志のようにその時代における見在書目であってその時代における著述目録でなく、自然それぞれの時代の著書を知るというより、半ば無意識でも学問の源流を論ずることができたのと異なって、全くその時代にどれだけの著書があったかを、大体従来の分類法に照らして知る用に供することになり、もし学問の源委を知ろうとすれば前代の芸文志のそれぞれの分類の下にこの分類の所を継ぎあわせて見ることになる外はない。元来、正史は漢書以来、断代史であったが、芸文志だけはもし蔵書として見れば格別、これを著書乃至学術の源委として見るときは通史の面目を存していたのが、ここにおいて全く断代史に帰したことになる。従ってその分類も経史子集に分かってあるが、たとえば子類の細分で儒家、雑家、農家、小説家、兵書、天文、暦数、五行、芸術、類書、道家、釈家というように先秦にしかない種類の子類が自然消滅に帰したのも当然なことである。が、従来の子類が技術を合わせてからくも存続している状況も十分に理解できよう。そしてこれが清史編纂の際にも既定方針として踏襲されたのである」

(2) 『四庫全書』『四庫全書総目』『四庫全書簡明目録』

『四庫全書』は清の乾隆帝が大量の学者を動員して、編

纂された大叢書である。乾隆帝の編纂の動機について、周永年は『儒蔵』を編纂しようとしていたと言っているし、また朱筠(しゅいん)や王応綵(おうおうさい)が明の『永楽大典』を校正分類したいと奏請したことがきっかけだったとも言われているが、それは主たる動機ではない。乾隆帝の乾隆39年（1774）8月初5日の上諭を見てみよう。

　　明季末造、野史甚多。其間毀誉任意、伝聞異詞、必有抵触本朝之語。正当及此一番査弁、尽行銷毀、杜遏邪言、以正人心而厚風俗（明季末造、野史甚だ多し。其の間毀誉意に任せ、伝聞詞を異にし、必ず本朝に抵触するの語有り。正に当に此の一番に及んで査弁し、尽く銷毀(しょうき)を行い、邪言を杜遏(とあつ)し、以て人心を正して風俗を厚くすべし。）

　つまり、乾隆帝は反清思想を消滅し、学者を政治に関与させず、学問のみに没頭させようとしたのである。
　さて、『四庫全書』は、乾隆37年（1772）より遺書の徴求が始まり、38年には「四庫全書館」が成立して、『四庫全書』の纂修が開始され、乾隆47年（1782）12月、最初の繕写が完成し、乾隆53年（1788）、内廷の四閣（文淵閣(ぶんえん)、文津閣(ぶんしん)、文源閣(ぶんげん)、文瀾閣(ぶんらん)）と江南の三閣（文匯閣(ぶんわい)、文宗閣(ぶんそう)、文瀾閣(ぶんらん)）の書籍がすべて整った。16年を費やした。纂修を担当したものは全部で360人になる。総裁の下に総閲官5人、総纂官3人、総校官1人である。

『四庫全書』がもとづいた書は、勅撰本、内府蔵本、各省采進本、私人進献本、通行本、永楽大典本の6種である。文津閣本は3470種、3万6275冊、229万960葉ある。

　近年、上海古籍出版社が文淵閣本を影印して洋装1500冊で出版し（1987年）、これに『四庫全書目録索引』（上海古籍出版社、1989年）が別に加えられたので、これは古典研究にとり、まさに画期的な慶事である。

　『四庫全書総目』は『四庫全書総目提要』とも称され、略称として『四庫提要』が一般に用いられる。200巻ある。提要とは、レジュメのごときものである。要するに、四庫全書に収められている書籍すべてについて、それぞれ解説した文章である。

　乾隆38年（1773）5月にその編纂が開始され、乾隆47年（1782）、初稿ができ、修改補正が続き、乾隆58年（1793）武英殿から刊行された（殿本という）。乾隆60年には浙江でも翻刻された（浙本という）。これによって『四庫提要』が全国に流布するようになった。

　『四庫提要』の総纂官は紀昀であり、乾隆19年（1754）の進士。名目上は乾隆帝の第6子永瑢が総纂したことになっているが、江藩の書いた紀昀の伝（『国朝漢学師承記』巻6）には、「四庫全書提要、簡明目録、皆出公手、大而経史子集、以及医卜詞曲之類、其評論抉奥闡幽、詞明理正、識力在王仲宝・阮孝緒之上、可謂通儒矣」（四庫全書提要、簡明目録は、皆公の手に出づ、大にしては経史子集より、以て医卜詞曲の類に及ぶまで、其の評論は奥を抉り、幽を

闢き、詞明かにして理正しく、識力は王仲宝・阮孝緒の上に在り、通儒と謂う可し）という。彼のほかに戴震（たいしん）、邵晋涵（しょうしんかん）、荘存与（そうそんよ）、朱珪（しゅけい）、任大椿（にんだいちん）、翁方綱（おうほうこう）、朱筠（しゅいん）、王念孫（おうねんそん）らのような著名な学者が提要の分担者である。例えば、戴震は経史、天文算法、楚辞などの提要を書いたという。邵晋涵もまた史部を分担したという。

『四庫提要』は1万254種、17万2860巻を著録している。そのうち、『四庫全書』に著録されているのは、3461種、7万9309巻である。「存目」（後述）に著録されているのは、6793種、9万3551巻である。

巻首に「聖諭」1巻が置かれ、「凡例」20則では編纂の趣旨と体例を説明し、全書は経、史、子、集の四部に分類され、毎部には総序があって44類に分けられている。類には小序がある。さらに、子目に細分され、合わせて67の子目がある。著録された書籍にはすべて、「提要」が記され、その書籍の大旨、著作の源流、作者の爵里（爵位・郷里）、その書の得失、文字の増刪、篇帙の分合などが論じられている。子目の後には按語があり、その著作の源流やその類に分類された理由を述べる。各類の後には「存目」が附せられている。「存目」の書籍は纂修官が校閲して価値が低いとみなしたり、偽疑があると考えられたり、あるいは思想上問題があるとされたものであり、その書の提要は短い説明にとどめられている。「存目」という体例は以前の書目にはなかった。

「存目」に書名のみ記載された書籍があるが、それは、

(1)「謬悖の言がある」、(2)「聖を非り法を無みす」「異説」、(3) 尋常・瑣屑・偽妄の作、(4) 著作された時代が近すぎる、(5) 重複した書、である。

　明・王洙『宋史質』については、明朝は宋朝を直接継承しているとの立場から遼、金、元は外国扱いで、西夏や高麗と同列に置いたので、四庫の館臣は、「自有史籍以来、未有病狂喪心如此人者、其書可焚、其版可斧」(史籍有りて自り以来、未だ病狂喪心此の人の如き者有らず、其の書は焚く可く、其の版は斧る可し) と称して、禁燬して存目に並べた。

　李贄『李温陵集』に対する評「贅非聖無法、敢為異論」(贅は聖を非り法を無みし、敢えて異論を為す)、「故其人可誅、其書可燬、而仍存其目、以明正其為名教之罪人」(故に其の人は誅す可く、其の書は燬く可く、而れども仍お其の目を存し、以て其の名教の罪人為るを明正す)。

　なお、「存目」に著録された書籍だけを集めて復印した叢書『四庫全書存目叢書』が洋装426冊として、1997年、台湾・荘厳文化事業有限公司から出版された。「存目」のなかの4508種であるから、著録の書の3分の2が収録されていることになる。経部734種、史部1086種、子部1253部、集部1435種となっている。これには、『四庫全書存目叢書索引』が同時に同じ出版社から出ている。

　なお、『四庫提要』は巻帙がはなはだ多くて閲読に不便ということで、乾隆39年 (1774)、『簡明目録』が計画され、乾隆47年 (1782) に完成し、乾隆49年に杭州で刊行

された。乾隆帝の第6子永瑢が纂修したことになっているが、実際は紀昀が編纂した。1964年『四庫全書簡明目録』20巻2冊が北京・中華書局から出ている。その後、邵懿辰が『四庫簡明目録標注』20巻を著わし、さらに、これを増補した『増訂四庫簡明目録標注』が、1959年、北京・中華書局から出版された。

『四庫提要』の分類は、以下のようである。

　経部　10類
　　易類、書類、詩類、礼類（周礼、儀礼、礼記、三礼総義、通礼、雑礼書）、春秋類、五経類、四書類、楽類、小学類（訓詁、字書、韻書、附録）
　史部　15類
　　正史類、編年類、紀事本末類、別史類、雑史類、詔令奏議類（詔令、奏議）、伝記類（聖賢、名人、総録、雑録、別録）、史鈔類、載記類、時令類、地理類（総志、都会郡県、河渠、辺防、山川、古迹、雑記、游記、外紀）、職官類（官制、官箴）、政書類（通制、典礼、邦計、軍政、法令、考工）、目録類（経籍、金石）、史評類
　子部　14類
　　儒家類、兵家類、法家類、農家類、医家類、天文算法類（推歩、算書）、術数類（数学、占候、相宅相墓、占卜、命書相書、陰陽五行、雑技術）、芸術類（書画、琴譜、篆刻、雑技）、譜録類（器物、食譜、草木鳥獣蟲

魚)、雑家（雑学、雑考、雑説、雑品、雑纂、雑編)、
　　類書類、小説家類（雑事、異聞、瑣語)、釈家類、道
　　家類
　集部　5類
　　楚辞類、別集類、総集類、詩文評類、詞曲類（詞
　　集、詞選、詞話、詞譜詞韻、南北曲）

　台湾・芸文印書館出版の『四庫全書総目』10冊本は第8冊に人名筆画索引、第9、10冊に余嘉錫（よかせき）『四庫提要弁証』を附していて便利がよい。また、万有文庫本（40冊）は句読が切ってあって、読みやすくなったが、さらにこれに清・阮元『四庫未収書目提要』、清・英廉（えいれん）等『清代禁燬（きんき）書目四種』を附した5冊本が民国60年（1971）台湾・商務印書館から出版された。

　『四庫全書総目提要』を補訂したり、未収書を補ったり、考証するなど参考にすべき書を挙げておく。

　　胡玉縉（ぎょくしん）撰、王欣夫（きんふ）輯『四庫全書総目提要補正』60巻、
　　附未収書目補正2巻（北京・中華書局、1964年、2冊)。
　　余嘉錫『四庫提要辨証』24巻（北京・科学出版社、
　　1958年、北京・中華書局、1980年)。2007年、1980年
　　刊本が再版され、書名音序索引、筆画索引が附録。
　　経、史、子、集にわたり詳細な考証を行っていて参考
　　になるが、惜しむらくはわずか491篇にとどまってい
　　る。

清・永瑢等『四庫全書簡明目録』20巻（乾隆47年(1782)、北京・中華書局、1964年）。

楊立誠『四庫目略』は、各書について提要は省いて版本、主旨を主に説明したもの。もと、民国18年(1929)、浙江図書館で刊行され、民国59年（1970）、台湾・中華書局の復印本がある。

乾隆中勅撰『四庫抽毀書提要稿』王重民輯、1931年、上海医学書局。『四庫未収書目提要』5巻。上記阮元『四庫全書簡明目録』に附録。

［内藤湖南の評］

「かくの如く目録学としての書籍の内容を知ること、源流を知ることは、正史を離れて他の方面に向ったが、それが乾隆の時に至って四庫全書総目となって現われた。これは大体に於て崇文総目の復興というべきで、年数も十年を閲し、あらゆる学者を集めてこの大編纂を行った。初めから崇文総目を標準としたことは明かである。当時の学問が北宋に比べて、書籍の内容、書目の学問に関する智識が進歩していたので、出来上ったものは、勿論崇文総目よりも遥かに優っていると思われる。もっとも崇文総目は満足には残っていないが、残ったものについて考えると、四庫提要のごとく解題として立派なものではない。

その総纂官は紀昀（暁嵐）という非常な博識の人で、その下に集まった学者も、当時有数なものであったのみならず、古来よりの学者として考えても数百年に一度しか出な

いという人達で、それが一部一部について詳しく批評し、その草稿を殆ど全部紀昀が目を通して統一した。今日、紀昀が訂正して四庫提要に載せたものの外に、各学者の草稿も残っているが、これも立派で、紀昀の訂正したのと比べて何れがよいか分らぬものもあるが、紀昀は自分の見識により、その主張に合う様に統一したのである。とにかく紀昀には一定の考えがあり、四庫提要の凡例に断わった主義の外に、断わってない一種の精神が全体に流れている。之を研究すれば、紀昀の明言しない目録学が出来る訳である。勿論各部各子目の序論は紀昀自身の筆で、これがすでに一種の著述といってもよいものと云われる。時としては焦竑の国史経籍志によって書いた処もあるが、全体として一貫した意見があったことは疑いない。この人は妙な人で、この外には文集以外に何の著述もない。一生の精力をここに注ぎ尽したのである。彼の一種の主義と思われるのは、経書とか歴史などで昔から知れ渡っていることには新たに解題をしないことである。邵晋涵は、史記についてもその由来を書いたが、紀昀は全然之を採用せず、本文には批評を加えずに、その注に解題を加えた。新らしく解釈するのも一つの方法ではあるが、あまり知れ渡っているからしなかった。支那の如く長く学問の相続した国では、かかる方法も必要である。そこは支那の文化の程度を示した一種の目録であると云える。

　ともかくこれは支那で目録学の興って以来の大著述である。しかし目録の学としては多少の非難もある。又各個人

に分れて書くと、皆の本にはなかなか行き渡らぬ結果、一種の偏頗な四庫館式の方法が出来る。即ちどの本にも何か批評せねばならぬところから、つまらぬ欠点を捜して何か一つは非難を加える傾きがすべての解題に見え、正当な目録学でないと思われる点がある。部類の分け方も、四庫館の人は皆鄭樵に反感を持ち、標準は崇文総目で、鄭樵の理論一点ばりの目録学に反対し、鄭樵が学問的ならんとして分けた細かい処を打ち壊している。地理・術数の中の子目につき、新たに種類を設けることは已むを得なかったが、経・史については鄭樵の細別を捨てて崇文の大まかな分類に還した傾きがある。四庫提要の時に新たに設けた部門も多少あり、子部に譜録という部類を作り、又史部に別史とて、雑史でもなく覇史でもなく、正史の目的で書いて之の外に出たものがあり、又詞曲類を集部に設けたる如きである。又子部に道釈を加えたが、その教義に関するものは一切入れず、歴史に関するもののみを取り、道蔵・釈蔵は別にあることを認めて、四庫に全体を収録しなかった。ただ明史芸文志までは、文史類をおき、これが批評の総論の学問のようになっていたが、国史経籍志からは詩文評となり、文史類より一段と目的が下落した観があり、詩文と同時に内容の思想、学問の源流を論ずることはなくなった。四庫も之によったが、これは当時存在した書籍が、詩文評に属するもの多く、文史類に入れるものが少なかった為めによるが、又この学問の源流に関することを尊重する気風が、四庫提要を作る時は残っていなかった為めでもある。

当時は考証学が盛で、一部一部については精細な論はあるが、学問全体の総論は精しくなく、これを卑むものさえあった。この学者の気風が四庫提要にも多い。これが文史類が復興せず、詩文評に落ちついた所以である。

全体の体裁としては、必要上より、著録と存目とに分っている。これは大体四庫全書は天下のあらゆる本を集めたが、その中、立派な本は之を抄写して帝室所蔵本とし、これが文淵閣著録本で三万六千冊七万九千余巻ある。その他之に倍する本が集まったが、それは一応目を通し、目録と解題だけを作って写本は留めない。これが存目の本で、これで標準を示したのである。この鑑識にも一種の標準があり、今日より見れば、存目に載っている本の方にも却って面白いものがあるが、支那文化の正統としては著録された本が正統と定めたのである。当時の学問がどの程度までを必要としたかが分る。かくて四庫提要は清朝の文化を代表する一大産物である。この中に流れている目録学上の主義を抜き出せば、かなり興味のあることであろう。序論だけを集めて出版されたものもある」

(3) 正史芸文志の補志・補注と考証

二十四史には「芸文志」「経籍志」はただ6部あるだけである。すなわち、『漢書』芸文志、『隋書』経籍志、『旧唐書』経籍志、『新唐書』芸文志、『宋史』芸文志、『明史』芸文志だけであり、その他の正史にはそういう書目が本来なかった。そこで、清代になって、いわゆる「補志」の風

が盛んになった。清代の学者は、芸文志のない正史に補撰を行っただけでなく、正史芸文志の補注や考証をも行った。

　清代の学者の「補志」の仕事は、遼、金、元三代の芸文志を著すことから始まり、次第に漢、三国、両晋、五代史などの芸文志に及んで、20種余りになった。

　『漢書』芸文志の補注
*姚振宗(ようしんそう)『漢書芸文志拾補』6巻
*姚振宗『漢書芸文志条理』8巻
*劉光蕡(こうふん)『前漢書芸文志注』1巻
　『後漢書』を補ったもの
*銭大昭『補続漢書芸文志』1巻
*侯康『補後漢書芸文志』4巻
*顧櫰三(こかいさん)『補後漢書芸文志』10巻
*姚振宗『後漢芸文志』4巻
*曾撲『補後漢書芸文志』1巻、考10巻
　『三国志』を補ったもの
*侯康『補三国芸文志』4巻
*姚振宗『三国芸文志』4巻
　『晋書』を補ったもの
*丁国鈞『補晋書芸文志』4巻、附録1巻
*文廷式『補晋書芸文志』6巻
*秦栄光『補晋書芸文志』4巻
*呉士鑑『補晋書経籍志』4巻
*黄逢元『補晋書芸文志』4巻

南北朝史を補ったもの
*徐崇『補南北史芸文志』2巻、附載記1巻
*聶崇岐(じょうすうき)『補宋書芸文志』1巻
*陳述『補南斉書芸文志』4巻
　李正奮『補後魏書芸文志』
　『隋書』経籍志を補い考証したもの
*張鵬一『隋書経籍志補』2巻
*章宗源『隋書経籍志考証』13巻
*姚振宗(ようしんそう)『隋書経籍志考証』52巻、首1巻
　　五代、宋、遼、金、元の芸文志を補ったものには、
*顧櫰三『補五代史芸文志』1巻
*黄虞稷、倪燦(げいさん)撰、盧文弨校正『宋芸文志補』1巻
*倪燦撰、盧文弨録補『補遼金元芸文志』1巻
があり、その後、
*金門詔『補三史芸文志』1巻
が出て、遼、金、元の部分を完備させた。
　　しかし、元史芸文志の部分は、
*銭大昕『元史芸文志補』4巻
の豊富さには及ばない。
　　そのほか、遼史だけについては、
　厲鶚(れいがく)『補遼史経籍志』1巻
*繆荃孫(ぼくせんそん)『遼芸文志』1巻
*王仁俊『遼史芸文志補証』1巻
*黄任恒『補遼史芸文志』1巻
　楊復吉『補遼史経籍志』1巻

があり、金史のみについては、
  龔顕曾(きょうけんそう)『金芸文志補録』1巻（『遼金元芸文志』商務印書館、1958年、所収）
  孫徳謙『金史芸文略』1巻（『遼金元芸文志』商務印書館、1958年、所収）
がある。また、元史のみについては、
 *銭大昕『補元史芸文志』4巻
  張錦雲『元史芸文志曲類部分』1巻（『遼金元芸文志』商務印書館、1958年、所収）
があるが、最近、これらをしのぐ新しい輯補が行われた。それは、雒竹筠(らくちくいん)遺稿・李新乾編補『元史芸文志輯本』（北京燕山出版社、1999年）であり、銭・張2氏の輯本を参照しつつ、集部に小説類、曲類を設けている。これは清・黄文暘『曲海総目提要』46巻とともに近世小説、戯曲を研究する者にとって有用な目録となっている。

 *印は、『二十五史補編』6冊（民国25、26年、上海開明書店）に収録。1955年、北京・中華書局から影印出版された。

8. 清末より民国時期にいたる図書分類

(1) 漢訳西書の出現とその分類法

　清代末期になると、欧米の書籍が次々に漢訳されて出版された。明治期の日本書も漢訳された。訳者は来華していた欧米人が多数を占めているが、日本書の場合には日本留

学の中国人学生も多い。こうした漢訳書の増大に伴って、分類整理の必要が自然に生じてきた。

漢訳書分類目録で最も早いのは、梁啓超が光緒 22 年(1896)に撰した『西学書目表』4 巻附『読西学書法』1 巻である。これは初め時務報館という当時の変法派の新聞社から刊行され、後に『質学叢書』『慎始斎叢書』に収められた。その内容は、当時の西書 350 種を学類、政類、雑類の 3 類に分け、さらに学類 128 種を 13 門(算学、重学、電学、化学、声学、光学、汽学、天学、地学、全体学、動植物学、医学、図学)、政類 168 種を 10 門(史志、官制、学制、法律、農政、礦政、工政、商政、兵政、船政)、雑類 54 種を 5 門(游記、報章、格致総、西人議論之書、無可帰類之書)に分類して、さらに短い解題を添えている。このような解題つきの書目には、近くは光緒 2 年(1876)刊の張之洞『書目答問』があり、梁啓超はこれにならったと思われる。巻末には「通商以前西人訳書」として明末清初の西書 87 種、「近訳未印各書」88 種、「中国人所著書」として 5 門 123 種を書名だけ掲げている。

同じ時期に康有為は、およそ 7400 種の日本書を収めて分類した『日本書目志』15 巻を撰した。光緒 22 年に原稿はできあがったが、刊行されたのは翌年秋であり、上海大同訳書局から 8 冊本として出された。この書目は、生理門、理学門、宗教門、図史門、政治門、法律門、農業門、工業門、商業門、教育門、文学門、文字言語門、美術門、小説、兵書門の 15 門に分類し、いくつかの門はさらに

細分されている。例えば、生理門は、生理学、生理学学校用、生理学通俗、解剖学、衛生学、薬物学、薬局学、処方、調剤、薬用など。また、政治門は、国家政治学、政体書、議員書、歳計書、政治雑書、行政学、警察書、監獄法書、財政学、社会学、風俗書、経済学、横文経済学、移住殖民書、統計学、専売特許書、家政学のような細目である。用語から推測されるように、日本の分類用語や分類法からの影響が考えられる。本書は東洋文庫と千葉県成田図書館（現在の成田仏教図書館）に所蔵されているが、戊戌政変後に西太后の命によって2回も刊行が禁止されているために流布が少ない。

　続いて光緒 25 年（1899）、徐維則の『東西学書録』2 巻附 1 巻が刊行された。上下 2 冊に 561 種を収め、31 門に分類しているが、細類は設けていない。上冊には史志、政治法律、学校、交渉、兵制、農政、鉱務、工芸、商務、船政の 10 門があるが、これは『西学書目表』の政類にほとんど同じである。下冊には格致総、算学、重学、電学、化学、声学、光学、汽学、天学、地学、全体学、動植物学、医学、図学、理学、幼学、宗教、游記、報章、議論、雑著の 21 門があって、これは門数が増えているものの、『西学書目表』の学類にほぼ相当する。附 1 巻には、「中国人輯著書」として、近人の西学にかかわりのある著書を 25 門 702 種収めており、また、「東西人旧著書」として、明末清初に訳刊された西学 120 種を著訳者ごとに掲げているが、これら附録には解題はない。なお、『東西学書録』は

光緒28年（1902）、顧燮光によって増補されて、936種の書名が収められた。しかし、門数は同じである。『増版東西学書録』4巻附録2巻6冊として刊行された。

　以上のような西書や日本書の書目がつくられたのは、旧来の書目が本来、編纂者自身あるいは読書人のために編纂されたのに対して、これは読書人を西学に目を向けさせ、富国強兵の道を自覚させようと意図して編纂された、という点できわめて実用的な性格を帯びている。

　なお、これらの西書目録の分類法に当時の日本の分類法が参考に供されたかとの推測が生じるかもしれないが、調べた範囲では日本・明治時代の主な分類法とはまったく異なっている。以下にはまず、東京図書館（後の帝国図書館）の和書分類法（明治20年、1887年ごろ制定か）を掲げてみよう。

　　　第一門　宗教
　　　第二門　哲学、教育
　　　第三門　文学、語学
　　　第四門　歴史、伝記、地理、紀行
　　　第五門　法律、政治、社会、経済、統計
　　　第六門　数学、理学、医学
　　　第七門　工学、兵事、芸術、産業
　　　第八門　類書、雑書

　次に明治24年（1891）に和田万吉によって編纂された

『帝国大学図書館和漢書分類目録』の分類法を見てみよう。

　　第一　　　宗教
　　第二　　　哲学
　　第三　　　経学
　　第四　　　子類
　　第五　　　博言学
　　第六　　　文学
　　第七　　　史伝
　　第八　　　地理
　　第九　　　数学
　　第一〇　　理学
　　第一一　　兵学
　　第一二　　医学
　　第一三　　工学
　　第一四　　産業
　　第一五　　美術
　　第一六　　遊技
　　第一七　　随筆
　　第一八　　類書附類語索引
　　第一九　　雑書
　　第二〇　　叢書
　　第二一　　新聞雑誌

ところで、このような西書を伝統的な四部分類のなかに

生かす試みが一部に行われた。浙江・紹興にある私的な図書館・古越蔵書楼は光緒30年（1904）、蔵書の公開閲覧に際して『古越蔵書楼書目』を撰したが、その「蔵書章程」に、「本楼創設之宗旨有二、一曰存古、二曰開新」（本楼創設の宗旨に二あり、一に曰く、古を存する、二に曰く、新しきを開く）、「学問必求貫通。何以謂之貫通。博求之古今中外者是也。往者士大夫之弊、在詳古略今。現在士大夫之弊、漸趨於尚今蔑古、其実不談古籍、無従知政治学術之沿革。不得今籍、無以啓借鑒変通之途径。故本楼特闡明此旨、務帰乎平等、而杜偏駁之弊」（学問は必ず貫通を求む。何を以て之を貫通と謂うや。博く之を古今中外に求むる者是れなり。往者の士大夫の弊は、古に詳しく今に略なるに在り。現在の士大夫の弊は、漸く今を尚び古を蔑ろにするに趨り、其の実古籍を談ぜず、従りて政治学術の沿革を知るなし。今の籍を得ざれば、以て借鑒変通の途径を啓くなし。故に本楼は特に此の旨を闡明し、平等に帰して、偏駁の弊を杜がんことを務む）と論じている。

　この書目はもと、経、史、子、集と「時務」の5部38巻となっていたが、後に「学部」「政部」の2部20巻に改められた。学部の内容は、易学、書学、詩学、礼学、春秋学、四書学、孝経学、爾雅学、群経総義学、性理学、生理学、物理学、天文算学、黄老哲学、釈迦哲学、墨翟哲学、中外各派哲学、名学、法学、縦横学、考拠学、小学、文学上（別集）、文学（総集）の24門、政部は、正史、編年史、紀事本末、古史、別史、雑史、載記、伝記、詔礼奏議、譜

録、金石、掌故、典礼、楽律、輿地、外史、外交、教育、軍政、法律、農業、工業、美術、稗史の24門である。この目録の大きな分類は『西学書目表』の「学」「政」の2大類を模倣しているし、その下の小類はきわめて大胆な分類名が立てられている。しかし、いくつか妥当でない類名がある。例えば美術や稗史が政部に入り、四書が「四書学」と名づけられて1類を立てていること、天主教や耶蘇教が墨翟哲学に附入されている点など、いくつか指摘できる。しかし、それにもかかわらず、この書目は伝統と創造を融合して当時の要請に応えようとした試みとして評価できる。

(2) デューイ十進分類法の輸入

アメリカのデューイの考案にかかる十進分類法、Melvil Dewey, *Decimal Classification and Relative Index* は1876年に発表され、その後、逐次改訂され、1922年には11版を重ねている。この十進分類法は、すべての学問分野を1〜9の9類に分類してアラビア数字で表記する。百科全書、新聞雑誌などのように、どの類にも入れられないものは総類として0で記すので10類となる。この分類法の利点は、①体系が簡明で理解しやすく記憶しやすく応用しやすい、②展開性、伸縮性がある、③記号が簡単である、④残巻のような小品の文献にでも応用できる、⑤助記号があり補助表があるので無限の展開が可能である、といえよう。このような利点のために世界各国で早くから採用

され普及した。

　中国では早くも清朝の宣統元年(1909)、孫毓修(そんいくしゅう)が雑誌『教育雑誌』(上海)第1年第11期、第12期に「図書館」と題する文を発表して、デューイ十進分類法の内容を紹介している。

「西文諸書、上海・漢口・天津等口岸、稍有書肆以応需求、……図書館宜択其難得者購致庋蔵、以成嘉恵之盛心也。吾国学校、類以習英文者為普通、茲之分類法、本美国紐約図書館長 Melvil Dewey 所撰之十進分類法 Decimal Classification 一書為主、今最通行之目録也。群書報章、統分十部。一曰総記類 General Works、二曰哲学部 Philosophy、三曰宗教部 Religion、四曰社会学部 Sociology、五曰語学部 Philology、六曰理科博学部 Natural Science、七曰応用的美術部 Useful Arts、八曰非応用的美術部 Fine Arts、九曰文学部 Literature、十曰歴史部 History。立此十部、更析類属。今臚述左方、以供従事於斯者之借鏡焉」

　(西文の諸書は、上海・漢口・天津などの口岸に、稍(や)や書肆の需求に応ずる有り、……図書館は宜しく其の得がたき者を択んで購い庋(きぞう)蔵を致し、以て嘉恵の盛心を成すべきなり。吾が国の学校は類ね英文を習(おお)む者を以て普通と為す。この分類法は、本とアメリカ・ニューヨーク図書館長メルヴィル・デューイ撰する所の十進分類法の一書を主と為し、今最も通行の目録なり。群書・報章を統べて十部に分かつ。(中略)此の十部を立て、更に類・属に析(わか)つ。今

左方に臚述し、以て斯に従事する者の借鏡に供せん）

　この分類法とは別に、当時欧米で通行していた分類法をも紹介して、それらを中国で用いるに当たっての困難さを論じている。

　「新書分類、断不能比附旧書聯為一集者、以其統系至広且博、非四部之界所能強合也。惟事方草創、前乏師承、適当為難耳」
　（新書の分類は、断じて旧書に比附して聯ねて一集と為す能わざる者にして、その統系至って広く且つ博きを以て、四部の界の能く強いて合する所に非ざるなり。惟だ事方に草創にして、前に師承に乏しく、適だ当に難と為すべきのみ）

　孫毓修は欧米通行の分類にもとづき、変通させて、22部に分けて、新学の書を隷属させた。哲学、宗教、文学、教育、歴史地志、国家学、法律、経済財政、社会、統計、数学、理科、医学、工学、兵事、美術及諸芸、産業、商業、工芸、家政、叢書、雑書である。
　この22部はさらに細類に分けられている。例えば、哲学部は、総書類（字書、哲学史）、論理学類、心理学類（生理心理学、催眠術、記憶法）、倫理学類（総記、倫理史）のようにである。
　このように新学の書を、旧学の書とは別にして新分類法

を立てる方式は、デューイ十進分類法の採用以前にも行われていた。無錫(むしゃく)図書館（1912年設立）では、旧書は四庫全書の分類に従って、経、史、子、集に分け、これに叢書を加えて5部とし、新書は5部すなわち、政部、事部、文部、報章部、金石書画部に分け、安徽図書館（1913年成立）では、旧書を経・史・子・集・叢の5部に分け、新書は文科部、哲学部、政科部、理科部、雑部、外国文部の6部に大きく分類し、さらにそれぞれを類に分けている。なお、旧書の分類で叢書が別に新しく一部とされるのは、清末の張之洞（1837～1909年）『書目答問』（光緒2年、1876）に始まる。

さてデューイ十進分類法を孫毓修が紹介して後、その改良案が相次いで出された。民国12年（1923）、沈祖栄(しんそえい)・胡慶生(けいせい)合著『仿杜威(デューイ)十進分類法』がまず著わされた。それはデューイ十進分類法第11版の翌年のことである。沈祖栄（1862～1977年）は1914年、アメリカに留学し図書館学教育を学んだ最初の学生であった。

その十進分類法は、

　　0経部・類書　1哲学・宗教　2社会学・教育学　3政治経済　4医学　5科学　6工芸　7美術　8文学　9歴史

である。これは、武昌の文華公書林で刊行された。

査修は民国14年（1925）『杜威書目十類法補編』を北

平・清華大学図書館で刊行した。その特徴は中国の旧書をデューイ法の最初の位置に置いたことである。

000 経部
000 経総
000.1 石経
001 易
001.1 易緯
002 書
002.1 書緯
003 詩
↓
007.4 孟子
181 の東方哲学の最初に「子部」の書が置かれる。
181.1 中国哲学
181.11 儒家
181.12 墨家
181.13 縦横家
895 の東亜各国文学の最初に「集部」の書が置かれる。
895.1 中国文学
895.11 詩文評
895.112 詞
895.12 戯曲
895.13 小説

↓
895.19 別集
950 の亜細亜史に「史部」の書が置かれる。
951 中国史
951.001 考証
951.002 編年
951.003 紀事本末
951.004 史鈔
951.005 別史
↓
951.009 史屑

その後、デューイ十進分類法を増改して中国の旧書を自然なかたちで分類しようという試みが行われるようになった。民国18年(1929)、劉国鈞(りゅうこくきん)の『中国図書分類法』であり、金陵大学図書館から刊行された。

000 総部
000 特蔵　010 目録学　020 圕学（図書館学）→090 群経
100 哲学部
110 思想史　120 中国哲学　→190 倫理学
200 宗教部
210 比較宗教学　220 仏教　230 道教　→290 術数
300 自然科学部　400 応用科学部　500 社会科学部

600 史地部（中国）　700 史地部（世界）　800 語言部　900 美術部

史地部（中国）の詳細

　　610 通史　620 断代史　630 文化史　640 外交史　650 史科　660 地理　670 方志　680 類志　690 游記

語言部の詳細

　　810 文学　820 中国文学　830 総集　840 別集　850 特種文学　860 東方文学　870 西洋文学　880 西方諸国文学　890 新聞学

　その他にも多くの新しい分類法が出現した。そのなかでやや影響が大きいのは、杜定友『世界図書分類法』（1925年）、皮品高『中国十進分類法』（1934年）である。中国では、1949年に中華人民共和国が成立したので、当時のソ連の分類法に影響されたまったく新しい分類法が試行されて、現在の統一的な「中国図書分類法」（第3版、1990年）に至っている。

　その分類法を述べる前に、戦前中国の分類法を継承している台湾でどのような分類法が行われているかを紹介しておく。頼永洋編『中国図書分類法』増訂7版があり、その著者は国立台湾大学図書館館長（当時）である。凡例によると、「本法の大類は劉国鈞著『中国図書分類法』（南京金陵大学図書館出版、民国18年初版）の例にならったものである。即ち0総類（特蔵、群経は此に入れる）、1哲学類、2宗教類、3自然科学類、4応用科学類、5社会科学類、6-7

史地類（伝記、古物考古はここに入れる）、8語分類、9美術類である。各類の子目はすこぶる増すところがあるが、しかし綱目は変更していない」という。

総類
000 特蔵　010 目録学総論　020 図書館学総論　030 国学総論　040 類書：百科全書　050 普通雑誌　060 普通会社　070 普通論叢　080 普通叢書　090 群経
哲学類
100 哲学総論　110 思想学問概説　120 中国哲学総論　130 東方哲学総論　140 西洋哲学総論　150 論理学　160 形而上学：玄学　170 心理学　180 美学　190 倫理学
宗教学 200〜290　自然科学類 300〜390　応用科学類 400〜490　社会科学類 500〜590
史地類
600 史地総論
中国
610 中国通史　620 中国断代史　630 中国文化史　640 中国外交史　650 史科　660 地理総志　670 方志　680 類志　690 中国游記
世界
710 世界史地　720 海洋　→伝記　790 古物：考古
語文類
800 語言文存学　810 文学　820 中国文学　830 総集

204　Ⅱ　古典の分類はどのように展開したか

840 別集　850 特種文芸　860 東洋文学　870 西洋文学　880 西方諸小国文学　890 新聞学　900 美術類

　ちなみに日本では昭和 4 年（1929）に森清（1906〜90 年）がデューイ十進分類法にもとづいて改良考案した『日本十進分類法——和漢洋書共用分類表及索引』が刊行され、これがさらに逐次改善されて、今日の日本十進分類法（NDC）第 9 版（1995 年）に至っており、現在では全国の多くの図書館で採用されている。ただし、国立国会図書館は非十進方式の独自の分類法を考案採用している。

9. 現代中国の図書分類法

　中華人民共和国は 1949 年に成立したが、中国の図書館が最初に当面したのは、中国の新しい政治体制、社会状況に対応した新しい分類法をどのように築くかという問題であった。第一に、マルクス・レーニン主義と新民主主義・社会主義革命の建設に対応した分類法であり、第二には、旧ソ連の分類法とその理論にもとづいて、分類法に政治思想性と階級性をどのように反映させるかという問題であった。1950 年、中国共産党政治部文物局は図書分類法会議を招集し、新分類法についていくつかの要求を提議した。
　(1) マルクス・レーニン主義の思想的観点から科学的合理的な分類法を編み出すこと。(2) 分類法の内容が学問のあらゆる専門学科に渉っているために、多方面の専門家の

力を組織して協力して編むこと。(3) 主管部門の指導のもとに図書館界が共同で研究すること。(4) 中小図書館での分類を重視すること。

　この会議から1年余、いくつかの試案が出されたが、具体的な成果にはならなかった。当時の旧分類法を修正してやや成果があったのは、1948年に発表された『東北図書館図書分類法』と1950年に山東省図書館が発表した『図書分類新法』である。この二つの分類法の特徴は、次のようである。(1) マルクス・レーニン主義・毛沢東思想を優先させたことであり、それを特蔵としたり、大類として分類法の最初に置く。(2) マルクス主義的唯物弁証法、歴史唯物論の理論的観点から類目を編成した。具体的には、分類法の政治思想性、階級性を強化するために、類目においてできるかぎり新民主主義、社会主義的文献と封建主義、資本主義的文献とを区別する。地区と国家の区分については、伝統的地理区分を改変して、国家的制度（省、県など）に従う区分とする。(3) マルクス・レーニン主義の基本的原則に反する重大な政治的錯誤のある類目を削除し、新時代の政治思想、新しく興った学問分野を反映する類目を増やす。(4) 表記符号においては、十進法の制約を破ろうと試み、形式的な画一性を求めない。

　この二つの分類法はどちらも、デューイ十進分類法を手本とする旧分類法を基礎として改正したものであり、また一つの図書館が単独で実施したものであったために、古い枠を完全には抜けられず、分類編成の技術も不十分で、使

用範囲は狭かった。

　一方、北京図書館や上海図書館では、劉国鈞の『中国図書分類法』を修正したものが、北京大学図書館では皮品高の『中国十進分類法』を修正したものが、それぞれで使用されていた。この時期、金天游、范世偉、杜定友などが個人的に編纂した分類法が出て、いくつかの創見や特長はあったものの、大きな影響はなかった。

　50年代から60年代にかけて、1950年に文化部分類法工作会議が提出した指導方針にもとづく比較的すぐれた、影響の大きい、特色を備えた分類法が5種現れた。

(1)『中国人民大学図書館図書分類法』(略称「人大法」)

　　中国人民大学図書館集体編集。1952年初稿、1954年第1版、1955年増訂第2版、1957年増訂第3版、1962年増訂第4版、1982年修訂第5版

　これは、50年代にできたマルクス・レーニン主義に導かれ、科学的分類を基礎とし、人民大学図書館の性質と収蔵内容、および文献の特徴にもとづいた最初の大規模の総合的分類法である。この分類法は、毛沢東の知識に関する分類理論(「党の作風を整頓する」)にもとづいて、総合科学(原文：綜結科学。マルクス・レーニン主義、毛沢東思想、哲学を包括する)、社会科学、自然科学、総合図書の四大部類に分け、これをさらに、17の基本大類に分けた。

1 マルクス・レーニン主義、毛沢東思想　2 哲学　3 社会・政治科学　4 経済　5 軍事　6 法律　7 文化・教育　8 芸術　9 言語　10 文学　11 歴史　12 地理　13 自然科学　14 医学　15 工業　16 農業　17 総合性図書

　この分類法の特徴は、次のようである。(1) 社会科学の類目が比較的詳細であり、自然科学の類目は比較的に概括的である（人民大学図書館の性格、収書内容を反映している）。(2) マルクス・レーニン主義、毛沢東思想を大類として分類表の最初に置いた。これは以後の中国の図書分類法に大きな影響を与えた。(3) 標記記号の配置は類目の展開の必要に応じてアラビア数字の類層制を取り、同位類が10を超えたら小円点（.）を用いて展開する下位類の記号と区別する。例えば、17. 10. 3…。

　この分類法は出版後、多くの図書館で採用されたし、また、新華書店出版の『全国総書目』も、この分類体系を用いていて、出版社では 17 大類によって「統一書号」を編成している。しかし、70 年代になって、この分類法を使用していた図書館はおおむねすでに、他の分類法を用いるようになった。

(2)『中小型図書館図書分類表草案』（略称「中小型法」）

　1956 年 4 月、文化部社会文化事業管理局と北京図書館の専門家との集体編纂

この分類表は蔵書数10万冊以下の中小規模の図書館での使用に供するものである。1957年9月の公布後、全国の各級の公共図書館で採用され、省以上の大規模図書館や部分的には高校図書館でもこの表を用いて拡充を加えている。

　この「中小型法」の特徴の一つは、マルクス・レーニン主義、毛沢東思想の知識についての分類体系を実現し、「人大法」の長所および旧ソ連の国立レーニン図書館の新分類法草案の長所を吸収して、マルクス・レーニン主義・毛沢東思想、哲学、社会科学、自然科学、総合性図書の5大部類を確立したことであり、以後の分類法に継承された。その中で、社会科学は11大類に、自然科学は7大類に展開されて、合計21の大類から成り、さらに総論、世界地区、中国地区、国際時代、中国時代、中国民族の六つの「復分表」を設けた。以後の分類法でも襲用されている。

(3)『中国科学院図書館図書分類法』

　1954年に編集制定が開始され、1958年11月、正式に出版された。1974年2月、自然科学、総合性図書の修訂第2版が出された。主に中国科学院とその分院、研究所の図書館の使用に供することが目的であるが、出版後、その他の関連する図書情報部門でも採用されている。この分類法でも5大部類の体系が採用され、社会科学、自然科学はそれぞれさらに11大類に展開して、合計25大類となってい

る。

(4)『武漢大学図書分類法』

　初稿では、『紅旗分類法』であったが、1951 年、修訂版が正式に出版された時に改名された。本表は武漢大学図書館 23 万冊の蔵書を分類するのに作成された。やはり、5 大部類の体系を採用し、さらに社会科学は 10 大類に、自然科学は 13 大類に展開して、合計 26 大類となっているが、最大の特徴は、自然科学の基礎学科と応用技術との合一を強調している点である。標記記号にはローマ字で大類が表記され、場合によっては二つのローマ字が用いられているが、2 級以下ではアラビア数字による表記がなされている。

(5)『中国図書館図書分類法』

　1959 年、北京図書館（現在の中国国家図書館）が文化部群衆文化事業管理局の支持のもとに、大規模な総合的な分類法を編集する作業に着手した。北京図書館の館員が主体となって編集委員会を組織し、次のような編成原則を確定した。

(1) マルクス・レーニン主義、毛沢東思想を指導原則とし、毛沢東の知識の分類に関する学説（「党の作風を整頓する」）を、類目体系を区分し設定する基礎とする。
(2) 古今内外の文献に適用し、各種の類型の図書館や情報資料部門でも適用しなければならない。

この分類法も、5大部類の体系を採用した。社会科学は9大類に、自然科学は10大類に展開させ、合計22大類とした。

　　マルクス主義・レーニン主義・毛沢東思想
　　　Aマルクス主義・レーニン主義・毛沢東思想
　　哲学
　　　B哲学
　　社会科学
　　　C社会科学総論　D政治　E軍事　F経済　G文化・科学・教育・体育　H語言・文字　I文学　J芸術　K歴史・地理
　　自然科学
　　　N自然科学総論　O数理科学および化学　P天文学・地球科学　Q生物科学　R医薬・衛生　S農業・林業　T工業技術　U交通運輸　V航空・宇宙飛行　X環境科学
　　綜合性図書
　　　Z綜合性図書

　標記符号には漢語拼音字母（ピンイン）（中国式ローマ字表記）を採用して大類を示し、2級以下にはアラビア数字のゆるやかな小数塁層制が採用されている。
　その後、「文化大革命」によって編集作業は中断されたが、1971年に再開され、1973年に初稿ができて、「試用

本」が出版され、修正の後、1975年、その第1版が出版された。

1980年、修訂第2版が出された。まず、「第2版修訂説明」では言及されていないが、初版の5大類が削られた。22基本大類は同じであるが、D政治に法律が加えられ、S農業・林業は農業科学で括られ、V航空・宇宙の宇宙が航天に改められた。類目の修正点は、文化大革命時期の偏向を訂正すること、例えば、歴史類で儒法闘争史、教育制度類で工農兵上管政、中国文学類で「様板戯（革命的模範劇）」は削られ、また、中国哲学類で唯物主義と唯心主義という思想的観点から思想家を配列していたのを、時代・人物順に配列したなどである。

1989年現在で全国の96%以上の公共図書館、70%以上の高校図書館が使用している。1990年修訂第3版が出されて今日に至っている。

修訂第3版の分類の22基本大類は以下のとおりである。

Aマルクス主義・レーニン主義・毛沢東思想　B哲学　C社会科学総論　D政治・法律　E軍事　F経済　G文化・科学・教育・体育　H言語・文字　I文学　J芸術　K歴史・地理　N自然科学総論　O数理科学と化学　P天文学・地球科学　Q生物科学　R医薬・衛生　S農業科学　T工業技術　U交通運輸　V航空・航天　X環境科学・労働保護科学（安全科学）　Z綜合性図書

*文化（文化理論、世界各国文化事業概況、信息・知識伝播）、
科学（科学研究理論、科学研究工作、世界各国科学研究事業、
情報学・情報工作）。
*航天（宇宙航空）。

　ところで中国で実際に、このような分類が図書館で普及して用いられているのだろうか。今のところ中国の図書館の現場にはかなり混乱があるようである。多くの図書館では蔵書をA古籍、B近現代文献、C新書に3区分し、Aは1911年までに刊行された線装本（時代は問わないで装丁が線装になっているもの）は四部分類、Bは1912年から1949年までに刊行された旧平装本（平装というのは洋装本であるが精装されていないもの）は、図書館によって異なるが戦前の十進分類法にもとづいている。Cは1949年以後に刊行された図書であるが、これは1、2年前に刊行された図書は旧分類、すなわち『中国人民大学図書館図書分類法』にもとづいており、1、2年以内に刊行された図書は新分類法、すなわち『中国図書館図書分類法』にもとづいている。しかし、図書の検索はもっと煩雑であって、冊子目録、カード目録、コンピュータ検索の3種類あって、コンピュータで検索できるのは原則的に1970年代以降の図書だという。古籍の分類が四部分類になっているのは当然のことであろうが、1911年以降出版の図書と1949年以降出版の図書とが区分されているのは、いくら政治優先とはいえ理解しがたい。ともかく利用者にとっては煩雑なことお

びただしいのであるが、こういう実情は外国人である我々は十分認識しておかねばならない。

(附) ヨーロッパの図書館収蔵漢籍の目録

ヨーロッパでは早くから中国に関心を寄せていたイギリス人、フランス人などが中国書を収集していた。特に明末にはイエズス会士を始め多くの宣教師たちが渡華して必要に応じて書籍を入手したり、あるいは伝道のために教義書などを漢訳した。また、清朝末期から民国時代にかけても多くのヨーロッパ人が中国に渡った。彼らも中国の書籍を入手した。

このようにして集められた漢籍がヨーロッパの図書館には収蔵されている。

ヨーロッパで最も早くできた漢籍目録は、クラプロートが 1822 年につくった目録かと思われる。

Heinrich Julius Klaproth; *Verzeichniss der Chinesischen und Mandschurischen Bücher und Handschriften der Königlichen Bibliothek zu Berlin*, Paris, 1822.

これには漢籍、満文書籍とウイグル文献が収められているが、漢籍はわずか 40 種のみであり、第 1 部 (歴史、地理)、第 2 部 (辞書・文法)、第 3 部 (哲学・倫理学)、第 4 部 (小説)、第 5 部 (博物学・医学)、第 6 部 (欠)、第 7 部

（イエズス会士の中国で刊行した著作）、第8部（雑多な著作と護符などの雑品）に分類されている。書名は例えば『資治通鑑』は Dsudschy'-thung-kian というようなローマ字表記で示され、さらにドイツ語の訳名も附されている。東洋文庫所蔵。

次に早いのは、サミュエル・キッドの目録であろう。

Rev. Samuel Kidd; *Catalogue of Chinese Library of Royal Asiatic Society*, London, 1835.

これは王立亜細亜協会（The Royal Asiatic Society）に所蔵されているストーントン（Sir George Thomas Staunton）収集の漢籍を当時ロンドン大学の教授であったサミュエル・キッドが編纂したもの。180部2600冊。語学以下、13項目に分類している。東洋文庫所蔵。

Rev. James Summers; *Descriptive Catalogue of the Chinese, Japanese, and Manchu Books in the Library of the India Office*, London, 1872.

英国政府旧インド省所蔵の漢籍・和書・満文書169種を、(1) 言語、(2) 哲学宗教、(3) その他の著作に分類。京都大学文学部所蔵。

Joseph Edkins; *A Catalogue of Chinese Works in the*

Bodleian Library, Oxford, 1876.

　ボドレーアン文庫所蔵の299種の漢籍の目録である。分類されていないが、書名には漢字が用いられ、その下にローマ字表記と簡単な内容紹介、巻数、刊年など書誌的情報が附せられている。漢字で書名が記されていることから推測すると、上海で印刷されたものかもしれない。東洋文庫所蔵。

Gustave Schlegel; *Catalogue des livres chinois qui se trouvement dans la Bibliothèque de l'Université de Leide*, Leiden *1883. Supplément au Catalogues des Livres chinois qui se trouvement dans la Bibliothèque de l'Université de Leide*, Leide, 1886.

　中国研究所をも附置しているライデン大学図書館所蔵の漢籍目録正編・補編である。A＝辞書、B＝百科全書、C＝歴史・地理、D＝古典、E＝法律・行政、F＝古美術品・古銭学・農学・地理学、G＝博物学・医学、H＝仏教・道教、I＝基督教文献、J＝儀礼書、K＝詩文小説、L＝太平天国文献、M＝欧州人によって書かれた書籍の13類に分けられ、正編234種、補編50種の書籍が収められている。東洋文庫所蔵。

J. P. Edmond; *Bibliotheca Lindesiana, Catalogue of*

Chinese Books and Manuscripts, The Aberdeen University Press, 1859.

　ランカシャーのクロフォード（Crawford）卿が収集したリンゼイ文庫（Bibliotheca Lindesiana）所蔵の漢籍約8000種をエドモンドが整理編纂したもの。分類されていない。ローマ字表記された書名はアルファベット順に配列され、内容紹介、著者、巻数、サイズなど書誌的事項が附されている。東洋文庫所蔵。

Herbert A. Giles; *A Catalogue of Wade Collection of Chinese and Manchu Books in the Library of the University of Cambridge*, Cambridge, 1898.
Herbert A. Giles; *Supplementary Catalogue of the Wade Collection of Chinese and Manchu Books in the Library of the University of Cambridge*, Cambridge, 1915.

　トーマス・ウェード（Sir Thomas Wade）が中国滞在中に収集した883部4304巻の漢籍と満文図書がケンブリッジ大学に寄贈されたので、ハーバート・ジャイルズが整理編纂した分類目録。A＝古典・哲学、B＝歴史・伝記・政書など、C＝地理・旅行記など、D＝詩・小説・演劇、E＝辞書・参考用図書など、F＝雑に分類されている。補編はウェードの収集書ではなくて、1898年以後にケンブリ

ッジ大学図書館が収集した1300冊以上の漢籍の目録。ともに東洋文庫所蔵。

> Goodeve Mabbs; *Catalogue of Books Contained in the Lockhart Library and in the General Library of the London Missionary Society*, London Missionary Society, 1899.

主にロンドン伝道協会の中国派遣医療伝道師であるロックハルト（William Lockhart 1811～96年）が収集した漢籍とロンドン伝道協会所蔵書の目録。第1部はロックハルト収集の欧文か東洋諸言語（中国語を除く）で書かれた中国に関する書籍。第2部は中国の刊本（若干の日本書・朝鮮書を含む）、第3部は伝道協会自体の蔵書で欧文、東洋諸言語（中国・極東を除く）の書籍。第2部の中国書は約1000種であるが重複が少なくない。分類されておらず、書名をローマ字表記したり、あるいは英訳したりしてアルファベット順に並べているからである。例えば『三国志』はSan kuok chiと表記してSの項目に著録するだけでなく、Three Kingdomsと訳してTの項目にも再出している。京都大学附属図書館所蔵。

> Robert Kennaway Douglas; *Catalogue of Chinese printed books, manuscripts and drawings in the Library of the British Museum*, London, 1877.

Robert Kennaway Douglas; *Supplementary Catalogue Chinese books and manuscripts in the British Museum*, London, 1903.

　正編は1877年までに大英博物館に所蔵されていた約2万巻の漢籍目録、補編はそれ以後、収蔵された約3500種の目録。この目録は書籍を分類せず、アルファベット順による著者名で排列されていて、後に書名、巻数、刊年などが記載されている。ヨーロッパで最も漢籍収蔵量の多い図書館の一つであるが、こういう理由から目録はいささか使用しにくい。なお、大英博物館の蔵書は現在、英国図書館に移管されており、また、1983年現在で、その蔵書数は40万冊に達するという。

　＊今は、科学書院による複印本が1987年に出版されている。

Maurice Courant; *Catalogue des Livres chinois, coréens, japonais, etc.,* Bibliothèque nationale, Département des Manuscrits, Fasc. I-VIII (1900-1912).

　この目録は、パリ国立図書館に1900年までに所蔵されていた中国書9080種の書名を分類し記載したものである。全体を21部に分類している。(1)歴史学、(2)地理学、(3)行政、(4)経書、(5)哲学・倫理学、(6)文献、(7)想像的作品、(8)辞書学、(9)科学と技術、(10)道教、(11)仏教：大

乗経典、(12)仏教：小乗経典、(13)仏教：その他の経典、(14)仏教：律蔵、(15)仏教：論蔵、(16)仏教：中国撰述、(17)仏教：僧伝など、(18)天主教、(19)プロテスタンチズム、(20)イスラム教、(21)百科全書。

　＊今は、科学書院による複印本が1994年に出版されている。

Alfons Dufey; *Bayerisch Staatsbibliothek Katalog der Ostasiensammlung*, Band 1-6, Dr.Ludwig Verlag, Wiesbaden, 1984.

　この目録はミュンヘンにあるバイエルン国立図書館所蔵の東洋の書籍を三つに分け、中国書約6万点、日本書約4万2000点、朝鮮書約2500点のカードをコピーし、書名と著者名の両方で排列している。内容による分類はなされていない。

　最後に、オックスフォード大学ボドレーアン文庫所蔵の次の二つの目録が「四部分類」を行っていることを指摘しておきたい。

A Catalogue of the Old Chinese Books in the Bodleian Library;
Vol. 1, The Backhouse Collection, 1983.
Vol. 2, Alexander Wylie's Books, 1985.

　この二つの目録が『京都大学人文科学研究所漢籍分類目

録』を参考書目に挙げているのは注意される。なお、バックハウス（Sir Edmund Trelawny Backhouse 1873～1944 年）は、清末に京師大学堂教習を務め、帰国後キングズ・カレッジの中国学科主任となった。彼の集めた中国書約 2 万 7000 冊がボドレーアン文庫に寄贈された。また、アレキサンダー・ワイリー（1815～87 年）は上海のロンドン伝道協会の責任者として布教活動を行い、その後、大英聖書公会の中国責任者となった。中国に関する多数の著作を残している。

　ローマのヴァチカン図書館が所蔵する漢籍については、ペリオが 1922 年に整理してタイプ印刷していた目録を近年、京都大学人文科学研究所の高田時雄氏が改めて整理した上で活字にし、正補 2 冊として出版した。分類されていないし、排列は雑然としている。中国書の書名を現在の拼音記号で示して漢字の書名が続く。正編に約 1100 種、補編に約 380 種の漢籍・新書・雑誌が記載されている。ペリオの重複記載などもあるので、書籍の数は不正確である。

参考書
[1～7]
内藤虎次郎『支那目録学』（『内藤湖南全集』第 12 巻）筑摩書房、1970 年
倉石武四郎『目録学』（東京大学東洋文化研究所・東洋学文献センター叢刊第 20 輯、1973 年）汲古書院、1979 年
清水茂『中国目録学』筑摩書房、1991 年

余嘉錫『目録学発微』北京・中華書局、1975年

姚名達『中国目録学史』台湾・商務印書館、1973年再版（1937年序）

姚名達『目録学』台湾・商務印書館、1971年（1933年序）

姚名達『中国目録学年表』台湾・商務印書館、1967年再版（1936年）

許世瑛『中国目録学史』台湾・中華文化出版事業社、1954年（現代国民基本知識叢書第2輯）

劉紀澤『目録学概論』台湾・中華書局、1958年

汪辟疆『目録学研究』台湾・文史哲出版社、1973年再版（1934年）

蔣元卿『中国図書分類之沿革』台湾・中華書局、1966年

呂紹虞『中国目録学史稿』安徽教育出版社、1984年

来新夏『古典目録学浅説』北京・中華書局、1981年

倪士毅『中国古代目録学史』杭州大学出版社、1998年

洪湛侯『中国文献学新編』杭州大学出版社、1994年

[『漢書』芸文志の参考書]

鈴木由次郎『漢書芸文志』（明徳出版社、1963年）

顧実『漢書芸文志講疏』（上海・商務印書館、1924年）

陳国慶編『漢書芸文志注釈彙編』（中華書局、1983年）。本書は王応麟から姚振宗、顧実にいたるまでの諸家の説を集めていて便利である

金谷治「『漢書』芸文志の意味」（『文化』20巻6号、1956年、『金谷治中国思想論集』下巻、平河出版社、1997年に再録）

[『隋書経籍志』の参考書]

章宗源『隋書経籍志考証』13巻

姚振宗『隋書経籍志考証』52巻

張鵬一『隋書経籍志補』2巻
以上 3 種は『二十五史補編』に収録
興膳宏・川合康三著『隋書経籍志詳考』(汲古書院、1995 年)

[『日本国見在書目』の参考書]
『日本国見在書目証注稿』(『狩谷棭斎全集』第 7、日本古典全集、1928 年、復刻版、1978 年)
小長谷恵吉『日本国見在書目録解説稿』(小宮山出版、1956 年)
狩野直喜「日本国見在書目録に就いて」(『支那学文藪』所収、みすず書房、1973 年)
矢島玄亮『日本国見在書目：証注と研究』(汲古書院、1984 年)

[8、9、附の参考書]
坂出祥伸「『西学書目表』と『東西学書録』」、坂出祥伸「戊戌変法期における康有為の明治維新論」の「(三)『日本書目志』について」(ともに坂出著『改訂増補版 中国近代の思想と科学』朋友書店、2001 年、所収)
日本・明治期の分類法については、武居権内『日本図書館学史序説』(早川図書、1960 年)、村島靖雄講『図書分類概論』(芸艸会、昭和 7 年) を参照
『古越蔵書楼書目』20 巻　清・徐樹蘭撰 (光緒 30 年崇實書局石印本) は、京都大学人文科学研究所に所蔵されている
蔣元卿『中国図書分類之沿革』(台湾・中華書局、1966 年) 第 5 章「西学輸入後的図書分類」
姚名達『目録学』(台湾・商務印書館、1971 年、1913 年版の復印) 第 6 章「西学輸入与中西合流」
呂紹虞『中国目録学史稿』(安徽教育出版社、1984 年) 第 5 章「我国近代目録学的発展」

李雪梅『中国近代蔵書文化』(北京・現代出版社、1999 年) 第 1 章「近代蔵書文化産生的背景」

頼永洋『中国図書分類法』(現代図書館学叢刊第一種) 増訂第 7 版、1989 年

孫毓修「図書館」(上海『教育雑誌』第 1 年第 11 期、第 12 期、宣統元年 (1909)

《当代中国》叢書編輯委員会編『当代中国的図書館事業』北京・当代中国出版社、1995 年

中国図書館図書分類法編輯委員会編『中国図書館図書分類法』(第 2 版) 北京・書目文献出版社、1980 年

中国図書館図書分類法編輯委員会編『中国図書館図書分類法』(第 3 版) 北京・書目文献出版社、1990 年

鮑延明「中国の分類法」(『図書館界』第 48 巻第 5 号、1997 年 1 月)

坂出祥伸「イギリスの図書館の漢籍収蔵と中国学の発展」「ヨーロッパの図書館の漢籍収蔵状況——ベルリンとパリ」「M・クーランと『パリ国立図書館所蔵漢籍解題目録』」(いずれも坂出祥伸著『東西シノロジー事情』東方書店、1994 年 所収)

ロバート・ダグラス編、坂出祥伸解題『大英博物館所蔵漢籍目録』(科学書院復印、1987 年)

モリス・クーラン編、坂出祥伸解題『パリ国立図書館漢籍解題目録』科学書院復印、1994 年)

Takata Tokio, *Inventaire Sommaire des Manuscrits et Imprimés chinois de la Bibliothèque Vaticane*, Italian School of East Asian Studies, Kyoto, 1995

高田時雄編『梵蒂図書館所蔵漢籍目録補編』京都大学人文科学研究所、1997 年

III

中国古典をより深く理解するために
——工具書・入門書を利用しよう

中国の古典や歴史的知識を知りたいと思っても、なにしろ、中国は 3000 年の歴史の厚みがあり、国土の広さからいってもヨーロッパがすっぽり収まって、まだお釣りがくるというほどの広さ、その上に文字の国ときているから、漢字で書かれた書物の量は、とほうもなくおびただしい量にのぼる。中国学の講座の置かれている大学で、中国書を新旧・分野を問わず、必要なものすべて収集するとなれば、文学部の他学科、英文学・独文学・仏文学・日本史・西洋史・考古学・西洋哲学等々の必要とする書物の合計をもはるかに上回る分量になるにちがいない。

　とすれば、こうした書物のなかから、今どうしても見たい書物を探し出そうとする場合、どうするのか。まず、それが我が国内で見られるかどうかを調べるのだが、それには「漢籍目録」を利用して、その書物が国内のどこにあるのかを確かめると同時に、叢書に入っているのか、単行されているのか、場合によっては、活字洋装本が出版されているかどうか（非専門家には、この方が便利だ）などを調べ、どうしても購入したければ、中国書専門店発行の出版目録を見て注文するのがよい。以上に関するリストを掲げよう。なお、念のために附言しておくが、本稿は学部学生・大学院学生のような初歩の者のための解説であって、すでに専門家となっている学者を対象として作成したもの

ではないことを特にお断りしておく。

(1) 漢籍目録

『京都大学人文科学研究所漢籍分類目録・坿書名人名通検』（上下）、1963年、1965年
『京都大学人文科学研究所漢籍目録』、1981年

　前者には中華民国成立以後を主題にした、いわゆる「新学」書籍が収録されているのに対し、後者には「新学」が収められず、その代わりに、他の収蔵機関のもつ地方志・明人文集の景照本、つまり写真版が収められていることと、叢書ごとに書名がとられていることの2点を特色としている。

『東京大学東洋文化研究所漢籍分類目録・同書名人名索引』（2冊）、1973年、1975年
『東北大学所蔵和漢書古典分類目録（漢籍）』（2冊）、1974年、1975年
『東洋文庫所蔵漢籍分類目録』集部（1967年）、経部（1978年）、史部（1986年）、子部（1993年）
『内閣文庫漢籍分類目録』（改訂版）、1971年
『国立国会図書館漢籍目録』、1987年
『東京大学総合図書館漢籍目録』、1995年

以上は主な漢籍目録を挙げたにとどまり、その他にも特殊文庫、大学図書館、地方図書館の漢籍目録は多数出版されている。その詳細については、東洋文庫東洋学インフォメーションセンター編『増訂・日本における漢籍の蒐集——漢籍関係目録集成』（汲古書院、1982年）について見られたい。

　なお、次の書目は、漢籍（中国書）の和刻、すなわち訓点をつけたもの（ただし、句読点だけのもの、訓点のほかに注釈をつけたものも含む）の目録として、原漢文を読み慣れない者にとっては便利である。

『和刻本漢籍分類目録』長澤規矩也、汲古書院、1976年。同補正、長澤規矩也、汲古書院、1980年

　ただし、医薬書は省略されている。

　この目録の中の、経書・諸子書・正史の一部・詩文集・随筆・書画論などは、復刻本が汲古書院、中文出版社（京都）、その他から刊行されている。

　いわゆる漢籍（中国書）を読む場合、どのような版本（テキスト）を用いるか、書物自体の信憑性はどうか、ということは、欧米や日本の書物以上にやかましく問題にされる。特に史学の方では、史料的価値の高低という面が問題になる。まず、次のものを参考にする。

『四庫全書総目提要』台湾・商務印書館、5冊（附未収書

目、禁燬書目、書名著者名索引)、1971 年
台湾・芸文印書館、10 冊（余嘉錫『弁証』を附す、筆画順人名索引)、1964 年。河北人民出版社、4 冊、2000 年
『四庫全書総目提要補正』胡玉縉、北京・中華書局、1964 年。上海書店、1998 年
『四庫目略』楊立誠、台湾・中華書局、1970 年
『続修四庫全書提要』(13 冊) 東方文化事業委員会、台湾・商務印書館復刻、1976 年

しかし、『四庫全書総目提要』の邦訳でもあれば初歩の人々にも好都合なのだが、これはまだ、ほんの一部が油印で刊行されているにすぎない。そこで漢籍の解題書が必要になる。したがって、一般向きのものとしては、

『支那学入門書略解』(新訂補修版) 長澤規矩也、文求堂、1948 年
『支那漢籍解題・書目書誌之部』長澤規矩也、文求堂、1940 年
『漢籍解題』桂五十郎、名著刊行会復刻、1965 年
『漢文研究法』(武内義雄全集 第 9 巻) 角川書店、1979 年
『東洋史料集成』平凡社、1984 年復印

などを挙げておく。
　これらによって、古典をあつかう場合の一般的な心得、よい版本、価値ある史料を選び、さらに注釈書についても

知識を得るようにされたい。なお、ここで注釈書というのは、主に経書を念頭に置いており、その注釈は、しばしば注釈者自身の思想を語っているのである。例えば、四書に対する宋代の朱子の注釈のように。

(2) 研究水準・邦訳

ついでに、現代語訳の訳書が出されているかどうかを調べたい場合どうするか。最も簡便なのは、

『漢文研究の手引き』(修訂版) 中国詩文研究会編、早稲田大学中国文学研究室、1982年

であるが、網羅的とはいえず、また古い訳書は拾われていない。この方面で比較的完備しているのは、昭和9年 (1934) 以来、若干書名を改めながら継続して今日に至っている、

『東洋学研究文献類目』京都大学人文科学研究所

のなかの単行書の部であり、これを年度ごとに丹念に拾っていくか、でなければ『日本中国学会報』(日本中国学会機関誌、年1回刊、ただし、日本のみであり、それに会員の自己申告に依存しているので網羅的でなく、信頼度が低い)の学界展望欄、『東洋史研究』(京都大学東洋史研究会)の近刊叢欄、また道教では『東方宗教』(日本道教学会)の『道教関

係文献目録』(これは日本のみでなく、中国、台湾、韓国、欧米をも含む)、仏教では『仏教史学研究』(仏教史学会)の文献目録、中国における研究状況については王雷泉編『中国大陸宗教文章索引(1949〜1992)』および『全国報刊索引(哲学社会科学版)』(1987年以降月刊)で探す。

次に、ある研究題目についての今日的水準での研究状況を知りたいという場合。おおづかみのところは、

『中国史研究入門』(上下)山根幸夫編、山川出版社、1983年
『アジア歴史研究入門』(ⅠⅡⅢ)同朋舎、1983年

によって、それぞれの時代、分野の研究状況が分かる。ただし、両書とも歴史関係の入門書であるため、思想史への言及は少なく、文学史に至っては、まったくとりあげられていない。この点を補うものとして、思想では、

『中国思想・宗教・文化関係論文目録』中国思想宗教史研究会編、国書刊行会、1975年

が単行書を除いて、論文に関するかぎりは明治初年から昭和48年(1973)までを網羅している。

道教については近年、

『道教関係文献総覧』石田憲司主編、風響社、2001年

という非常に丹念な作業成果が出されて有益である。
　経学については、

『日本研究経学論著目録（1900〜1992)』林慶彰編、1993年

が台湾から出ている。
　文学では、

『中国文学研究文献要覧（戦後編）1945〜1977』石川梅二郎監修、日外アソシエーツ、1979年

がある。これは単行書・雑誌論文を時代順・文学者・事項ごとに丹念に拾って収載しているので便利なものである。ただし、研究文献の羅列なので、研究状況をつかむには不十分である。
　時代別、分野別の研究文献目録も数多く出されており、手っ取り早いのは、

『中国文学語学文献案内』（第3次修訂）中国文学語学文献案内編集委員会編、早稲田大学中国文学研究室、1998年

が羅列的であるが便利だ。さらに、前記の『中国史研究入門』（上下）、『アジア歴史研究入門』（ⅠⅡⅢ）にも、工具

書の項に載せられている。

また、中国書であるが、

『近三十年国外"中国学"工具書簡介』馮蒸(ふうじょう)編、北京・中華書局、1981 年

は、国外と称しているものの、その実、我が国で出された工具書が大部分を占めており、分野別・時代別の研究文献目録も丹念に広く収載されているので大いに役立つ。

ついでに欧米人の編集したものも、挙げておこう。

『中国研究文献案内』フェアバンク、市古宙三編、東京大学出版会、1971 年

これはアメリカの著名な中国学者の手になる J. K. Fairbank; *The United States and China*, Harvard Univ., 1971 の巻末附録のビブリオグラフィを翻訳し、さらに市古氏が日本・中国の文献を補ったものだが、欧米語で書かれた文献目録や研究書を探すのにも便利だ。

(3) 辞書・字書

辞書の類も、中国古典をあつかうのに欠かせない。まず漢文すなわち中国古典語を読むための、いわゆる漢和辞典として、ハンディーなものでは、

『新字源』小川環樹・西田太一郎・赤塚忠編、角川書店、1968年

が近年最も広く用いられているが、ほかにも、

『学研漢和大事典』藤堂明保、学習研究社、1978年

は解字の部分がすぐれている。

『全訳漢辞海』戸川芳郎監修、佐藤進・濱口富士雄編、三省堂、2000年

は、近年の中国の『漢語大詞典』（後述）の語義を採用していて、前記『新字源』を超えている。

『広漢和辞典』（4巻）諸橋轍次・鎌田正・米山寅太郎著、大修館書店、1983年

我が国で編纂された漢和辞典としては、

『大漢和辞典』（13巻）諸橋轍次、大修館書店、1957〜60年

をしのぐものは、まだ出てない。
　中国で出版された辞書で古くからあるのは、

『索引本佩文韻府』7冊、台湾・商務印書館、1973年
『駢字類編』(改題『古典複音詞彙輯林』)8冊、台湾・鼎文書局、1978年

であるが、どちらも語彙の用例を調べるのに役立つ。近年、次の2種のくわしい辞書が刊行された。

『漢語大詞典』12冊、上海漢語大詞典出版社、1993年。今は電子版がある。
『漢語大字典』8冊、四川辞書出版社、1990年

　特に前者は、語義、熟語とともに六朝から近世までの俗語をも取り入れていて、前記『諸橋大漢和』をも凌駕している。
　時代ごと、ジャンルごとの辞書も近年多く出ている。必要に応じて備えておくのがよい。

『詩詞曲語辞匯釈』(上下) 張相、北京・中華書局、1954年
『小説詞語匯釈』陸澹安、台湾・中華書局復印、1968年
『魏晋南北朝小説詩語匯釈』江藍生、北京・語文出版社、1988年
『中古漢語詞例釈』王雲路・太一新、吉林教育出版社、1994年
『唐宋筆記語辞匯釈』王瑛、北京・中華書局、1990年

『敦煌文献語言詞典』蔣礼鴻(れいこう)、杭州大学出版社、1994年
『宋元語言詞典』龍潛庵、上海辞書出版社、1985年
『宋語言詞典』袁賓、上海教育出版社、1997年

古代漢語の虚字の用法は古くから研究されている。

『古書虚字集釈』裴(はい)学海、台湾・広文書局復印、1980年
『経伝釈詞』（補・再補）王引之、北京・中華書局、1958年
『助字弁略』（附・筆画索引）、劉淇(りゅうき)著、章錫泓(しゃくおう)校注、北京・中華書局、1983年
『古今漢語虚詞大辞典』張玉金主編、遼寧人民出版社、1996年

日本でも江戸時代に下記のものがあり、古書店で見つけられることがある。訓読みのしかたを調べるのに役立つ。

『操觚字訣(そうこじけつ)』伊藤東涯、宝暦13年（1763）刊（明治16年、1883年、村山徳淳校刻本）
『訳文筌蹄(せんてい)初編・後編』物徂徠、明治9年（1876）補刻

しかし、今では下記の叢書に収められている。

『漢語文典叢書 6巻・別巻（索引）』吉川幸次郎・小島憲之・戸川芳郎編、汲古書院、1979〜81年

語源や本義・派生義など字義を系統的に理解しておく方が漢文を読むのに便利であるが、そのような解字に関する字書として、

『漢字の起源』加藤常賢、角川書店、1970年
『漢字語源辞典』藤堂明保、学燈社、1965年
『漢字類編』小林博編、木耳社、1982年

は、それぞれに特長を備えているが、はなはだしく不完全である。近年、

『字統』白川静、平凡社、1984年

が出された。これは文字の初形初義を系統的に説明する最初の試みである。なお、漢字一字ずつの書体を集めた字書として、

『書道六体大辞典』（縮印版）藤原楚水、三省堂、1974年
『補正朝陽字鑑』36巻（5冊）高田忠周、名著普及会、1970年
『書体辞典』赤井清美編、東京堂出版、1979年
『行草大辞典』（上下）赤井清美編、東京堂出版、1982年

があって、篆刻家や書家のみならず、広く中国古典に関心をもつ人々にも役立つ機会が多いであろう。

『段注説文解字・附索引』段玉裁、台湾・芸文印書館、1997 年
『説文解字詁林』15 巻、前編 3 巻、後編 1 巻・補編 1 巻、通検 1 巻、17 冊、丁福保、1975 年
　＊これには朱駿声(しゅんせい)『説文通訓定声』、王筠(いん)『説文解字句読』などを収める
『古文字類編』高明、北京・中華書局、1980 年
『秦漢魏晋篆隷字形表』漢語大字典字形組、四川辞書出版社、1985 年

　ここで漢文訓読法の入門書を紹介しておこう。最も簡便で要領のよいのは、

『漢文語法便覧』西田太一郎・福島昇、中央図書、1971 年初版（1989 年 50 版以後、絶版）

であるが、残念ながら古書で入手するしかない。

『漢文法要説』西田太一郎、東門書房、1953 年（朋友書店復印本がある）
『漢文入門』小川環樹・西田太一郎、岩波書店、1956 年
『漢文の語法』（角川小辞典 23）西田太一郎、角川書店、1980 年

　仏教漢文については、

『仏教漢文の読み方』金岡照光、春秋社、1978年

医学古典の漢文については、

『古医書を読むための漢文入門書』(上下)、長谷川弥人、春陽堂書店、1985年
『漢文で読む『霊枢』——基礎から応用まで』浦山きか、アルデミシア、2006年

がある。

(4) 分野別事典・辞典

歴史や思想・文学などの事典類としては、

『アジア歴史事典』10巻、平凡社、1959～62年(1984年復印)

が最も内容豊富であり、歴史的事項のみならず、書籍解題、人物伝記などを調べるのにも役立つ。しかし部分的には記述が古くなっているので、最近の研究文献で補わなければならない。

『新編東洋史辞典』京大東洋史辞典編纂会編、東京創元社、1980年

『中国学芸大辞典』(近藤杢、元々社、1959年)は次に掲げる全面改訂版が出されたものの、古典に関するかぎり、書籍解題や注釈書などの点で有益である。

『中国学芸大事典』近藤春雄、大修館書店、1978年

は、前著を子息・近藤春雄氏が全面改訂したものだが、著者得意の文学分野や近現代の事項が豊富で詳細になっていて、近現代文学をも加えている。
　哲学思想では、

『中国思想辞典』日原利国編、研文出版、1984年

という専門事典が出ているが、儒教中心である。
　近年、

『中国思想文化事典』溝口雄三・丸山松幸・池田知久編、東京大学出版会、2001年

が出されたが、これはかなりバランスのよい事典である。
　道教では、

『道教事典』野口鐵郎・坂出祥伸・福井文雅・山田利明編、平河出版社、1994年

がある。文学史では、事典と名のついているのは、

『中国文学小事典』藤野岩友ほか編、高文堂出版、1972年

があるのみで、書名のとおりの小事典であり、収録事項が少なすぎる。ただし、前記の『中国学芸大事典』(近藤春雄、大修館書店、1978年)は、古典文学、近現代文学などの方面が充実していて、実質的に「中国文学大事典」と称してもよかろう。中国からは、

『中国文学大辞典』(上下)銭仲聯等編、上海辞書出版社、2000年

が出ているので、中国語のできる人は利用されたい。仏教については、

『望月仏教大辞典』(増訂版)10巻、世界聖典刊行協会(復印)、1954〜62年

が仏教用語・仏教史にわたって最も詳細だが、記述や表現の新しいものとしては、

『仏教語大辞典』(縮刷版)中村元、東京書籍、1981年

が利用しやすい。ハンディーなものでは、次の4点がよい。

『中国仏教史辞典』鎌田茂雄編、東京堂出版、1981年
『新・仏教辞典』中村元監修、誠信書房、1962年
『仏教学辞典』多屋頼俊・横超慧日・舟橋一哉編、法藏館、1955年
『岩波 仏教辞典』中村元・福永光司・田村芳朗・今野達・末木文美士編、岩波書店、1989年

仏教各宗派については、

『新版禅学大辞典』駒澤大学禅学大辞典編纂所、大修館書店、1985年
『禅語辞典』入矢義高編、思文閣出版、1991年
『密教大辞典』(改訂増補) 密教辞典編纂会編、法藏館、1983年
『浄土宗大辞典』浄土宗大辞典編纂委員会編、浄土宗大辞典刊行会、1982年

官制・法制史の用語については、

『中国法制大辞典』(原名『増訂支那法制大辞典』) 東川徳治、1933年(1979年、燎原書店影印)

があるが、項目や記述が古くなっている。

(5) 地名辞典・歴史地図・人名辞典

　中国は版図が広大なために同じ地名が全国に数カ処もあったり、また長い時代の間に地名が変わることも多いので、現在のどこにあたるのかを知る必要がある。そこで次の辞典を利用するとよい。

『中国歴代地名要覧』青山定雄、省心書房、1947年（台湾・楽天出版復刻）
『中国歴史地名大辞典』6巻、劉鈞仁原著・塩英哲編、凌雲書房、1980年
『中国古今地名大辞典』謝寿昌、上海・商務印書館、1931年（香港・台湾の復印本あり）
『中国歴史地名大辞典』魏嵩山主編、広東教育出版社、1995年
『中国古今地名大詞典』3冊、戴均良・劉保全主編、上海辞書出版社、2005年
『中国歴史地名大辞典』（上下）史為楽主編、中国社会科学出版社、2005年

　残念ながら後二者は日本語ではなくて中国語で書かれている。しかし、短い解説文なので大意を読みとることは難しくない。歴史地図などには次のようなものがある。

『東洋読史地図』箭内亙、冨山房、1925年初版
『アジア歴史地図』松田寿男・森鹿三編、平凡社、1965年（1984年復印）
『中国歴史地図』教育部中学標準教科書編印委員会編著、台湾・正中書局、1963年
『中国歴史地図集』8冊、譚其驤(たんきじょう)、北京・中国地図出版社、1982年
『中国古代歴史地図集』（上下）、《中国古代歴史地図集》編輯組、遼寧人民出版社、1984年
『中華人民共和国分省地図集』北京・中国地図出版社、1974年
『中国大陸五万分の一地図集成』3巻、科学書院、1986～93年
『中国大陸二万五千分の一地図集成』4巻、科学書院、1989～92年

人名辞典には次のようなものがある。

『中国史人名辞典』日比野丈夫・外山軍治、新人物往来社、1984年
『世界伝記大事典〔日本・中国・朝鮮編〕』5巻、ほるぷ出版、1978年
『中国人名大辞典』藏勵龢(ぞうれいわ)編、商務印書館、1921年（香港・台湾の復印本あり）
『中国人名大辞典』方毅主編、商務印書館、1933年

(6) 年表・年譜

『東方年表』藤島達朗・野上俊静編、平楽寺書店、1955年（今日もなお重版されている）

『コンサイス世界年表』三省堂、1976年

『世界史年表』歴史学研究会編、岩波書店、1994年

『中国歴史紀年表』万国鼎編、商務印書館、1958年

『中国歴史紀年表』上海人民出版社編、上海人民出版社、1976年

『中国歴史年表』河南省博物館編、河南人民出版社、1980年

『中国歴史年号表』李崇智編、北京・中華書局、1981年

『匈奴歴史年表』林幹編、北京・中華書局、1984年

『歴代人物年里碑伝綜表』姜亮夫(きょうりょうふ)、北京・中華書局、1961年

『歴代名人生卒年表』梁廷燦、台湾・商務印書館、1933年

『中国歴代名人年譜総目』王徳毅、台湾・華世出版社、1979年

『中国歴代年譜総録』楊殿珣(でんじゅん)、北京・書目文献出版社、1980年

『中国歴代人物年譜考録』謝巍、北京・中華書局、1992年

『近三百年人物年譜知見録』来新夏、上海人民出版社、1983年

『中国歴史人物生卒年表』呉海林・李延沛、黒龍江人民出版社、1980 年

『歴代人物室名別号通検』陳乃乾、香港・太平書局、1964 年。増訂本　北京・中華書局

『古今人物別名索引』陳徳芸、台湾・芸文印書館、1965 年。長春市古籍書店復刻、1976 年

『歴代人物諡号封爵索引』楊震方・水賚佑、上海古籍出版社、1996 年

『中国年暦総譜』董作賓、香港大学出版社、1960 年

『中国年暦簡譜』董作賓、台湾・芸文印書館、1974 年（上記『中国年暦総譜』の改訂版）

『増補二十史朔閏表』陳垣・董作賓、台湾・芸文印書館、1974 年

『中国歴史紀年表』万国鼎、上海人民出版社、1975 年

『新編中国三千年暦日検索表』徐錫祺編、人民教育出版社、1992 年

『三正綜覧（新訂補正）』内務省地理局、芸林舎、1973 年

『中西回史日暦』陳垣、台湾・芸文印書館、1972 年。北京・中華書局、1962 年

『中国日本朝鮮越南四国歴史年代対照表』黒龍江人民出版社、1979 年

(7) 人名索引

『二十五史人名検索』中華書局、1956 年

『二十四史伝目引得』梁啓雄、香港・太平書局、1964 年

『二十四史紀伝人名索引』張忱石(しんせき)・呉樹平、北京・中華書局、1980年

『史記人名索引』『漢書人名索引』『後漢書人名索引』『三国志人名索引』『晋書人名索引』……『清史稿紀表伝人名索引』すべて北京・中華書局、1977〜96年

『二十四史人名索引』（上下）中華書局編集部編、北京・中華書局、1988年。上記を縮印合冊したもの

『唐会要人名索引』張忱石編、北京・中華書局、1991年

『宋元学案・同補遺人名字号別号索引』衣川強編、京都大学人文科学研究所、1974年

『百子全書人名索引』矢島玄亮編、東北大学支那学研究室、1952年。掃葉山房石印本『百子全書』による

『宋元明清四朝学案索引』陳鉄夫、台湾・芸文印書館、1974年

『歴代詩史長編人名索引』王徳毅、台湾・鼎文書局、1972年。五代詩話、宋詩紀事、遼・金・元・明・清各詩紀事、清朝詩人撤略、雪橋詩話など19種

(8) 引得・索引

『十三経索引附経文』葉紹鈞、上海・開明書店、1937年、北京・中華書局、1957年、台湾・開明書店、1955年

『五経索引本文篇』森本角蔵、臨川書店、1970年

『四書索引 本文篇・索引篇』森本角蔵、臨川書店、1971年

『哈仏燕京学社引得・引得特刊』第1号〜第41号、引得特刊第1号〜第22号（燕京大学図書館引得編纂処、1924〜49年）
『中法漢学研究所通検叢刊』1〜8、北京中法漢学研究所、1943〜47年
『先秦両漢古籍逐字索引叢刊』（『戦国策』以下、40冊）香港中文大学中国文化研究所、1992〜2002年
『大正新修大蔵経総目録』大蔵出版、1932年（台湾・新文豊有限公司復印）
『正統道蔵目録索引』施博爾（シッペール）、台湾・芸文印書館、1977年
＊『道蔵索引——五種版本道蔵通検』施舟人（シッペール）原編、陳耀庭改編、上海書店、1996年
『古今図書集成分類目録』文部省、1912年、1941年油印
『太平広記人名書名索引』周次吉、台湾・芸文印書館、1973年

(9) 会要・官制

『春秋会要』姚彦渠（ようげんきょ）、北京・中華書局、1935年
『秦会要訂補』孫楷、徐復訂補、上海羣聯出版社、1955年 （そんかい）
『西漢会要』徐天麟、上海人民出版社、1976年
『東漢会要』徐天麟、上海人民出版社、1978年
『三国会要』楊晨、北京・中華書局、1956年
『三国会要』銭儀吉、上海古籍出版社、1991年

『稿本晋会要』汪兆鏞(おうちょうよう)、北京・書目文献出版社、1988 年
『南朝宋会要』朱銘盤(しゅめいばん)、上海古籍出版社、1984 年
『南朝斉会要』朱銘盤、上海古籍出版社、1984 年
『南朝梁会要』朱銘盤、上海古籍出版社、1984 年
『南朝陳会要』朱銘盤、上海古籍出版社、1986 年
『唐会要』王溥(おうふ)、上海・中華書局、1987 年
『五代会要』王溥、上海古籍出版社、1978 年
『宋会要輯稿』8 冊　徐松、台湾・新文豊有限公司
『明会要』龍文彬、上海・中華書局、1956 年

以上の会要のうち 10 種が、『歴代会要』の名で DVD 版が出されている。

『歴代職官表』附・歴代官制概述、歴代職官簡釈、黄本驥(こうほんき)、北京・中華書局、1956 年（上海古籍出版社重印、2005 年）
『支那通史』（上中下）（附・官名沿革表、唐百官表、宋百官品秩表）那珂通世、岩波文庫、1938 年。以後も再版あり

(10) 避諱字

私たちはしばしば古典籍を読む場合、避諱字に騙され悩まされるので、次のような工具書を頼っていた。

『史諱挙例』陳垣、北京・中華書局、1963 年
『避諱録』黄本驥、知敬斎蔵版、道光 26 年（1846）

『歴代諱字譜』張惟驤(ちょういじょう)、張氏小雙寂庵刊、1932 年
『経史避名彙考』周広業、台湾・明文書局影印、1981 年
『廿二史諱略』1 巻、周榘、嘯園叢書(しゅうく)第一函
『帝王廟諡年諱譜』陸費墀、台湾・中華書局、1973 年
『歴代諱名考』劉錫信、畿輔叢書(百部叢書集成所収)
『史諱辞典』王建、汲古書院、1997 年。上海古籍出版社、2011 年再版
『中国古代避諱史』王建、貴州人民出版社、2002 年

しかし、近年、次のすぐれた辞書が出たので、私たちの悩みをほとんど解決してくれる。

『歴代避諱字匯典』王彦坤(おうげんこん)、鄭州・中州古籍出版社、1997 年

(11) 偽書考辨・経史考証

『古今偽書考』姚際恒（顧頡剛(こけつごう)校点）、香港・太平書局、1962 年
『古今偽書考輔証』黃雲眉、斉魯書社、台湾・文海出版社復印、1980 年
『偽書通考』張心澂(ちょうしんちょう)、上海・商務印書館、台湾・商務印書館復刻、1939 年
『続偽書通考』（上中下）鄭良樹、台湾学生書局、1984 年
『四庫提要弁証』4 冊、余嘉錫、北京・科学出版社、1958 年、北京・中華書局、2007 年

『中国偽書綜考』鄧瑞全(とうずいぜん)・王冠英、合肥・黄山書社、1998年

(12) 度量衡

『中国度量衡史』呉承洛、上海・商務印書館、1937年。北京・商務印書館復印、1957年
『中国歴代度量衡考』丘光明、北京・科学出版社、1992年
『中国度量衡』林光澂・陳捷、台湾・商務印書館、1967年
『中国古代度量衡図集』中国国家計量総局主編（山田慶児・浅原達郎訳）、みすず書房、1985年
（出土資料の利用）
『文物』350期総目索引（1950年第1期～1985年第7期）、北京・文物出版社
『考古』200期総目索引（1955年第1期～1984年第5期）、北京・科学出版社
「中国新出土石刻関係資料目録」(1)(2)　気賀沢保規『書論』第18号（1981年）、第20号（1982年）
『(1949年～1989年) 四〇年出土墓志目録』栄麗華編、北京・中華書局、1993年

(13) 国内での漢籍調査の方法

(1) 書誌研究懇話会編『改訂新版全国図書館案内』（上下）三一書房、1990年。同補遺版、1995年

全国各都道府県に、国公立私立の図書館およびその他の収蔵機関につき、住所、電話、交通、開館時間、休館日、所蔵書籍の特色、目録の有無、閲覧方法などが記載されている。ただし漢籍専門ではない。近年はITによる検索が便利になって、こういう案内書そのものが不要なのかもしれない。

(2) 東洋文庫内東洋学インフォメーションセンター編
　『増訂・日本における漢籍の蒐集——漢籍関係目録集成』汲古書院、1982年

　漢籍関係目録に限定して、公共図書館、学校図書館、特殊図書館などについて、目録の編者、刊行者、刊行年、頁数、特色その他を記載している。

　中国古典の工具書・入門書は学問の歴史が古いだけに、おびただしい量にのぼる。
　以上の解説は、(1) 近現代に関するものは除く、(2) 原則として日本語で書かれているものに限定する、(3) 原則として今日でも入手できるものに限定する、という基準で挙げた。私の知見の範囲は狭いので、本稿に漏れている文献も少なくないであろう。また、ITの普及により、これを利用した調べかたについての記述が不十分に終わっているかもしれない。ご勘弁ねがいたい。本稿が初心者、入門者に多少のお役に立てば幸いである。

附編

日用類書について

はじめに

　まず、本稿でとりあげる「日用類書」に一応の定義を与えておきたい。後掲注 (1) の酒井忠夫博士の論文では、日用類書を 7 分類されている。すなわち、(1) 総括的事文の類書、(2) 挙業のための類書、(3) 書翰啓箚(けいさつ)のための類書、(4) 詩賦詞藻のための類書、(5) 氏姓人物の類書、(6) 故事類を集めた類書、(7) 幼学啓蒙のための類書、の 7 分類できるとされている。この分類に従うと、本稿でいう日用類書は (1) に属するものであるが、総括的事文の内容となると、各階層を通じて用いられる日常生活的事文の多い通俗的な類書と称することができよう。

　明代の万暦・崇禎年間に『萬寶全書』『不求人』『萬用正宗』などの表題をもつ書籍が、主として福建省建陽で、何種類も、かつ大量に出版されている。しかも、私たちの目にすることのできるのは、たいてい版木が摩滅して文字がかすんでいたり、文字の刻しかたが乱雑であったり、しばしば書物の題箋あるいは巻一巻首の書名標題が後の巻では別の書名標題に変わっていることもあり、編纂のしかたがきわめて杜撰である。しかも、この種の書籍はあとで述べるような用途の性質上、一種の使い棄てが一般的であったために、保存状態がきわめて悪く、手垢にまみれて汚くな

257

っているのはあたり前のこと、表紙や裏表紙が剥落しているものも多い。

これらの書籍には、前出の表題の上にしばしば「士民萬用」「四民利用便観」「四民捷用」などの文字が冠せられている。これによって、これらの書籍が広く各階層の士民（四民とも）の日常生活に必要な実用的知識を記載していて、しかも、その知識を敏捷に把握できるように編纂されていると推測できる。

さらに注意したいのは、そのような実用的知識がいくつかのグループに分類されている点である。例えば、天文門、地輿門、人紀門、官品門、律令門、冠婚門、葬祭門、医学門、養生門などと称せられていて、このように知識を門類に分類しているのは、伝統的な「類書」の形式を踏襲しているといえる。

これまで、このような書籍に注意し、かつこれを資料として利用されたのは、1950年代に法制史家の仁井田陞博士の研究が最初であり、続いて、ほとんど同じ時期に東洋史家の酒井忠夫博士が教育史の重要な資料として取り上げられた。[1] 仁井田博士はこれを「日用百科全書」と称され、酒井博士は「日用類書」と称されているが、いずれも前記の二つの特徴、すなわち日常的知識の記載と「類書」的分類に着目されている点では共通している。その後長く、この書籍を利用した研究がほとんどとだえていたが、近年、通俗文学を研究する小川陽一氏が「明清小説研究と日用類書」という論文を1990年に発表されて、「日用類

書」という呼称を採用された。[2] さらに、野口鐵郎ほか編『道教事典』（平河出版社、1994年）でも「日用類書」を項目として立てている。そこで、本書でも「日用類書」の名を冠することにしたのである。

1.「日用類書」の源流と性格

これまでの類書に関する研究では、明清時代の類書の編纂について、『永楽大典』『古今図書集成』のように規模が大きく、用途が広いという特徴が指摘されている。しかし一方、伝統的類書の沿革のみに注意が向けられていて、いわゆる「日用類書」については、ほとんど問題にされていない。[3] 管見の及ぶ範囲では、胡道静氏が『事林廣記』を「日用百科全書型の民間類書」として論じ、[4] 農業史家の石声漢氏が『便民図纂（べんみんずさん）』について「通書型の農書であり、通書とは分類排列された簡明な百科全書であって、通書には二つの類型があり、一つは都市小市民の日常生活を主題としたもの、二つめは農村生活を主題としたものである」として区別し、しかも、この二つのタイプの通書が共通して備えている内容には、「食品の加工と製造、簡単な医療救護、家庭調度品の製作・保全・整理、……さらに占い、まじない、……のような迷信的な記述がある」という説明を与えている。[5] 石氏が「通書」（唐代の具注暦を詳細にし発展させた運勢暦の一種）と称しているのは、少しはずれているようであるが、その意図は日常生活を主題とした百科

全書だというにある。また、王重民氏が『美国国会図書館蔵中国善本書録』[6]の「類書」の項に、『萬用正宗不求人全編』『訂補全書備攷』『五車抜錦』などを著録しており、しかも、「この書に載せられているのは、近800年来において、民生日用、文学哲学、礼俗游芸から医卜星相などの事に及ぶまで、およそ世道人心にかかわることは、みなのせている。社会学史を論ずる者で、真に下級社会の人生を知らんとするなら、この書をどうしても読まなければならない」(『萬用正宗不求人全編』解題)とさえ論じている。にもかかわらず、伝統的な類書の形式を受け継いでいるものとの認識は薄いように見える。

ところで、伝統的類書は、皇帝、王侯貴族、士大夫などのような上層の人々が作詩作文する際に有用な工具書として編纂されたのであるが、一方、この日用類書は、前に述べたように「士民」の日常生活に有用な情報を提供すべく編纂されたものである。したがって「士民」の需要の高まりを背景としている。しかも印刷された書籍がもはや、かつてほどに貴重なものではなくなり、書籍の印刷がかなり普及して、大量に印刷できるという一種の技術革新を経ていなければならないだろう(この点については後述する)。また、他方では、類書自体の性格の変化も考えなければならないだろう。

そこで、宋・元・明時代の類書の沿革を瞥見してみよう。本書「Ⅰ-二. これだけは知ってほしい版本の知識」でもやや簡潔であるが類書について説明したので、いくら

か重複するが、あわせて読んでほしい。宋代には『太平御覧』1000巻、『冊府元亀』1000巻のような国家事業的な大部で広範囲にわたる類書が編纂されたが、一方では、一般社会の需要に応じて特定の目的を備える類書が出現した。例えば、王応麟の『玉海』は科挙受験用であり、任広の『書叙指南』は書翰啓箚の用を満足させるためのもの、また、『韻府群玉』『翰墨大全』のように詩賦詞藻をつくるための韻書形式のものも現われた。その他にも、幼学・村塾啓蒙用の『両漢蒙求』などがあり、宗族制の復活強化に伴って、各氏姓やその人物の言行事跡を類編した『名賢氏族言行類藁』のごときものも現われた。このような目的を異にして専門分化した類書の出現は、宋代以降、大きな流れとなって継続していく。ただし、宋代の類書はおおむね、上層知識人を対象にしたものである。

ところが、南宋時代の終わりごろになると、都市の庶民層の繁栄と印刷文化の普及を背景にして、庶民（といっても、農民・工人・商人だけでなく士大夫層も含めて）の日常生活に有用な知識を広く網羅した簡便な類書（いわばハウツウもの）が求められるようになる。今日残っているものでは、南宋末に著された謝維新の『古今合璧事類備要』や陳元靚の『事林廣記』があり、元代になると撰者不明だが『居家必用事類全集』があり、前述の専門分化した類書を、当時の社会や庶民層の必要に応じて総合化し、さらに医薬・農桑・牧養・花草などのような新たな知識も附加されるようになる。

『古今合璧事類備要』は南宋の宝祐5年（1257）の自序があり、それによれば、謝維新は建安の人であり、また「これを梓に繡す」とあるので、印刷されたことがわかる。この書には明・嘉靖35年重刊本[7]があり、その顧可学の重刊序によると、当時、『太平御覧』『冊府元亀』はただ鈔本が行われているのみであったが、『合璧事類』の方は古くから刻本が多く行われていて、吾が邑（晋陵すなわち江蘇・武進）でもこの書を活板で出している、と述べられているから、伝統的な類書よりも『合璧事類』の方が明代の人々に歓迎されていたことが分かる。

　そこで今、その内容について見ると、前集69巻、後集81巻、続集56巻、別集94巻、外集66巻から成り、はなはだ浩瀚な巻数にのぼるが、その分類は伝統的な天地に始まって人事のすべてに及ぼすという形式をとっている。門類数でいうと、前集38門、後集46門、続集9門、別集18門、外集三35門、合計146門となり、細分化し過ぎて一目瞭然というわけにはいかないという欠点があるものの、5集の間にほとんど重複はない。これは宋元時代の類書としては有用であっても、その内容面で、より広い社会階層の需要に応えている『事林廣記』には及ばなかったようである。比較のために煩冗にわたるが、146門を列記してみよう。

　　天文門（以下には門の字を省略）、地理、歳時、気候、占候、時令、節序、祥瑞、災異、帝属、国戚、親属、

外親属、閫儀(こんぎ)、嗣続、師友、賓主、故旧、学校、科挙、仕進、儒業、字学、文房、釈教、道教、民事、倡優、人品、技術、寿典、冠礼、婚礼、喪礼、喪紀、襄事、墓地、哀挽、神鬼、君道、臣道、三公、三少、道撥、執政、枢属、宰属、左右史、給舎、翰苑、経筵、台諫、台官、尚侍、六部、九卿、三監、三学、史館、東宮官、大宗正、王府官、院轄、京局、暦官、環衛官、宦官、三衙、閫舎(えんけい)、殿学、閣学、閣職、宮観、節相、官品、文武階官、節使、国使、帥閫、監司、守臣、将帥、郡官、州官、県官、監当、氏族、姓名、家世、類姓、性行、事為、恩譽、禍福、報応、都邑、橋道、関津、郷里、宮室、苑囿、花、果、衆木、百草、穀、蔬、五霊、飛禽、走獣、畜産、水族、蟲豸(ちゅうち)、典礼、祭祀、音楽、刑法、法令、賦税、徭役(ようえき)、救荒、璽綬、符節、服飾、簡笏、寝衣、衣服、香茶、饋遺(きい)、飲膳、餅餌、塩醢(えんけい)、珍羞、簾帷、屏風、床簀、枕席、鼎鑊(かく)、鏡照、灯燭、灯火、弓矢、刀剣、舟艦、器物、傘扇、財貨、錦銹(きんしゅう)、財用

この門類名を眺めてすぐに気づくのは、科挙、官制が多くてほぼ半数を占めていること、また「類姓」は表には出ないが巻数でいうと続集巻7から30までを占め、480姓を挙げている。これらは宋代の社会状況の反映であり、また撰者の意識をも示していると言える。

次に『事林廣記』の内容と特徴について考察してみた

263

い。ただし、この書にかぎらず、元明時代の日用類書には
しばしば後人の手によって増補や改刪が加えられていて、
原本がどのような姿のものであったのか推測しがたいこと
がある。このような増補改刪は、例えば書名の頭に「新
鍥(しん)(けつ)」「新刻」などの文字が冠せられていることからも分か
るように、書坊が販売目的から、時代と社会の新しい要求
に応えてなされたのであろう。

　『合璧事類』を、その後に出たかと推測される『事林廣
記』と比較してみたいのであるが、元の泰定2年(1325)
刊本を底本とした我が元禄12年刊の和刻本が、現存する
もののなかでは最も祖本に近いことは、すでに指摘がある
が、(8)しかし、この和刻本には門類が立てられていない場
合がしばしばあって、まだ後述する明代日用類書のように
類型化してゆく途中の状態を示しているようである。また
明確な項目の分類がなされていない文章もある。したがっ
て比較の資料としては適当でない。今は全体の構成が甲集
から癸集まで10集94巻になっていることだけを指摘する
にとどめておく。

　そこで故宮博物院所蔵本を底本として北京・中華書局に
より1963年影印出版された元・至順年間(1330～32年)・
建安椿莊(ちんそう)書院刻本『新編纂図増類羣書類要事林廣記』42
巻によって、その内容を示すことにする。(9)本書は前集13
巻15類、後集13巻18類、続集8巻3類、別集8巻7類
で構成されている。門類数はすべて43類で、その名称は
以下のようである。

天象類（以下には類の字を省略）、暦候、節序、地輿、
　　郡邑、方国、勝蹟、仙境、人紀、人事、家礼、儀礼、
　　農桑、花果、竹木、帝系、紀年、歴代、聖賢、先賢、
　　宮室、学校、文籍、辞章、儒教、幼学、文房、服飾、
　　閨妝（けいそう）、器用、音楽、音譜、武芸、道教、禅教、文芸、
　　官制、刑法、公理、貨宝、算法、茶菓、酒麴（しゅきく）

　この内容を前掲の『合壁事類』に比べると、『事林廣記』
撰者の視線がいかに低いところに向けられているかに、た
だちに気づくだろう。なお、周知のように、『事林廣記』
は種々の版本があって、巻数がちがい、したがって、それ
ぞれ門類の数や名称に相違があるが、本稿ではそのなかの
一種だけをとりあげた。それは門類の立てかたや数の変化
を考える一資料になればそれで十分だからである。
　もう一つ、元代の成書と推測される日用類書をとりあげ
てみたい。それは、尊経閣文庫に所蔵されている『書林廣
記』前集3巻、後集5巻、続集5巻、新集4巻、外集4
巻、別集5巻であり、これについてはすでに酒井忠夫博士
による考察があるが、[10]この書は尊経閣文庫以外には存在
が知られていない。その門類は、以下のように17門ある
が、「門」の語が用いられているし、典拠も記されている。
この書は酒井博士の推測によれば、南宋時代に原本ができ
て、元代の至元年間（1335〜40年）に一部増補して刊行さ
れたものである。

朝制門（以下には門の字を省略）、官制、人倫、人道、人物、儒業、栄達、人事、天文、時令、城市、器用、州郡、誉毀、身体、飲食、喪葬

　このような門類の少なさと科挙、官制に重きが置かれていることから考えても前記の『合璧事類』に近く、しかも『合璧事類』よりも簡単にすぎるようである。
　『居家必用事類全集』という撰者不明だが元代の人の作とされる日用類書がある。その辛集に元・大徳5年（1301）の序をもつ『吏学指南』が収められていることなどから、『四庫提要』は、元人の書と推定している。甲集から癸集までの10集あり、その内容は、次に示すとおりであるが、これまでに挙げた日用類書とはちがって天文・地理から始まるという形式をとらない。また、きわめて日常生活に接近している。酒井博士は「居家日用類書」と称して別の分類をされている。しかし私見によれば、この書の内容こそが明代のいわゆる「通俗的な日用類書」につながっていくと思われる。まず、その内容を列挙しよう。

為学、読書、作文、写字、切韻、書簡、活套、餽送請召式、家書通式、家法、家礼、仕宦、宅舎、農桑、種芸、種薬、種菜、果木、花草、竹木、文房適用、灯火備用、磨補銅鉄、刻漏捷法（こくろうしょうほう）、宝貨弁疑、諸品茶、諸品湯、渇水番名摂里白、熟水、漿水、法製香薬、果食、酒麹（しゅきく）、造諸醋法、諸醤、諸豉、醸造醃蔵日、飲

食、染作、香譜、閨閣事宜、史学指南、衛生、謹身

　この書は、我が国では、内閣文庫に明内府刊本（刊年不詳）と万暦 7 年（1579）序刊本があり、京都大学人文科学研究所の嘉靖 39 年（1560）序刊本との 3 種があるが、1988 年、北京・書目文献出版社刊の『北京図書館古籍珍本叢刊』61（子部雑家類）に同館所蔵明刻本が、また、1995 年に出版された『四庫全書存目叢書』子部・雑家類に北京・清華大学図書館蔵明刻本が収められている。またこれには、寛文 13 年（1673）刊の和刻本があり、嘉靖 39 年の田汝成序がある。(11) なお、京都・陽明文庫に『日用便覧事類全集』甲～癸 10 集 10 冊という書がある。これは書名こそ異なっているが内閣文庫所蔵の内府刊本の復刻本であり、嘉靖 27 年（1548）の南山道人序が附せられている。

　この書によく似た類書が明代初期に出ている。その一つは劉基（1311～75 年）撰の『多能鄙(ひじ)事』12 巻であり、「飲食、服飾、居室、器用、百薬、農圃、牧養、陰陽、占卜、占断、十神」という内容が 11 類に分類収録されている。これは、『居家必用』の関心と共通している。なお、この書には嘉靖 42 年（1563）范惟一序が附されている。内閣文庫に江戸時代の写本（ただし、巻 8 から巻 12 を欠く）が蔵せられていて、その復印版が 1972 年、篠田統・田中静一共編『中国食経叢書』（書物文物流通会）に収められたが、1995 年に出版された『四庫全書存目叢書』子部・雑家類に上海図書所蔵刊本が収められていて便利になっ

267

た。『四庫提要』はこの書を「頗る用に適っているが雅馴を失し、名を孔子の言に取っているのも、僭妄に属する」といい、劉基に名を託した偽書だとしている。

もう一つ、鄺廷瑞の『便民図纂』16巻という書がある。その内容は以下のようである。

　　農務之図、女紅之図、耕穫類（以下、類の字は省略）、桑蚕、樹芸上下、雑占、月占、祈禳、涓吉、起居、調摂上下、牧養、製造上下

主に農業、牧畜に関する記載が多いのが特徴であり、それで『明史』芸文志以来、農書に分類されているが、涓吉、起居、調摂などは必ずしも農事にかかわるものではない。その点では前引の『多能鄙事』の内容と共通し、また『居家必用』とも共通している。石声漢氏が「通書」の一種に比定したのも当然である。この書の撰者・鄺廷瑞は生没年不詳であるが、弘治7年（1494）、呉県の知事であったという。弘治の原刊本があったというが、今は嘉靖23年（1544）刊本（中国国家図書館所蔵）を底本にして万暦刊本により校訂した標点本により、この書の全容を知ることができる。[12] なお、内閣文庫には江戸時代の写本がある。

以上に宋末から元・明初までの日用類書ないしはそれに近い記載をもつ雑家、農書を検討してきたのであるが、時代を追うごとに庶民の日常生活に密接した内容の記載が増加してくることが分かる。

このような傾向について、『居家必用事類全集』万暦7年序刊本に附された黄希賢の序は、はなはだ明確に論じている。

　「その書は、事は四民を兼ね、録することは九流に及び、博大にして繊悉(せんしつ)、具備しないこととてない。おおむねは群書の関要を摘んでいて、誠に居家の者が、必ず少くべからざるものである。(中略)今の鉛槧(えんざん)(文筆)を業としている者は、ややもすれば聖人賢人を以て自任していて、日用のことについては、卑近なことだとして、棄擲(きてき)して講じないで、それは大業(りっぱな学問＝儒教)を妨げるものだ、という。その帰するところを究めてみるに、大業は済(な)される所がなく、小物(小事)も必ずしも周備することがない。こういうことでどうして実用に裨益できようか。ところがこの書は最も実用に切していて、その名はまことにあたっている。余は此の言に珮服(はいふく)していて、此の書をばいまだ嘗て左右から離したことがない。たとい外遊することがあっても、これをかならず行筐(こうきょう)(旅行鞄)に入れて置く」

　士人かと思われる黄希賢でさえ、このような実用的な類書を座右から離すことなく、重宝なものと考えていたことが分かるのであるが、逆に伝統的士大夫からは、「これ大業を妨ぐ」と嫌悪し軽蔑されたことも想像できる。にもかかわらず、都市や農村の下層識字階層の人々には大いに歓迎されて、ますます実用的な書物の需要が高まってきたものと推測される。

2.「日用類書」の盛行と印刷術の発達

　ここでとりあげる「日用類書」とは、「はじめに」で述べたように酒井博士のいわゆる「日常生活的要素が多い通俗的日用類書」である。

　この日用類書が、明代の後半になって盛んに印刷され流布するようになる。現在までのところ、先学や私の調査したところでは、刊年の明らかなもので最も早いのは、万暦25年（1597）刊本であり、最も遅いのは崇禎14年（1641）刊本であるが、最も多いのは万暦年間の刊本であり、その間に約20種類以上もの日用類書が相次いで出版されている。しかも、その出版地はだいたい福建省建陽に集中していることが、封面の記述や刊記などで分かる。この日用類書を刊行しているのは、同時に挙業書（科挙受験の虎の巻）、通俗小説、医薬書をも刊行している書坊である。

　日用類書の特徴をまず形式面からいうと、上下の2層に分かれていることであり（両節本形式）、この点はそれ以前の『古今合璧事類備要』『事林廣記』や元代の『居家必用事類全集』などには見られなかった形式上の変化である。書名に「萬寶」「不求人」とか「捷用」とかの語が用いられているのは、そういう2層の形式と関係があるだろう。図版が多いのも顕著な特徴であり、『事林廣記』の元版にも図版が多く採用されているが、明代のものはそれ以上に多くなっている。また、書名の頭(かしら)にしばしば「新刊」「新

刻」「新鍥(しんけつ)」などの語が冠せられていて最新のものであることを強調しているのは、書坊間の競争が激しかったことを示している。

　内容面の特徴として、まず挙げておきたいことは、書名にしばしば「四民（士民とも記される）利用」「四民便覧」などの語が用いられていることによって知られるように、上下貴賤を問わずに利用できることが、この種の類書の重要な目的とされているのである。したがって、以前の類書のように記事に典拠を示す必要はない。門類についてみると、農桑・牧養のように農業畜産関係の記載、相法・地理・星命・卜筮・塋宅(えいたく)・夢占のような占い関係の記載（これは実に大きな分量を占めている）が増加しているのが注意を引く。医学や養生の記載には必ずといってよいほど、それぞれに門類が立てられている。興味深いのは種子つまり跡継ぎを生む法が必ず１門類として立てられていることである。算法（算術知識・算盤の演算法）も当時の商取引や商店経営に必要だったのか、必ず１門類が立てられているのに注意したい。以上を要するに、全体として居家必用的な記載が中心になってきた、といえる。

　ここで読者の便利のために、明代日用類書の門類の内容を『新刻天下四民便覧三台萬用正宗』43巻を例にして説明してみよう。とはいうものの、内容の理解できない門類もあるので、私の理解できる範囲にとどめておくしかない。なお、すべて上下層になっているが、まとめて説明することもある。

天文門　上層には太陽・太陰・星の順で天文占が図示、下層には太極説などの伝統的な天地万物生成論、月体の晦朔弦望(かいさくげんぼう)、日月蝕などが図示。また占風、占雲、占雨などの気象雑占の説明。

地輿門　上層、歴代国都・両京から13省の路程など。下層、両京・山西道などの管轄所属州県と土産品。

時令門　上層、気候の悪い日、下層、伝統的な農事に関する時令。

人紀門　上層、歴代名臣や著名人、下層、各王朝の事歴。末尾に刊行された年の皇帝名があり、例えば「萬暦皇帝　御名　為大明萬萬世」で結ばれるので、刊年が明らかでない場合、この記述によって推測できる。

諸夷門　上層に奇獣の図、下層には高麗国、交趾(こうち)国に始まる異国の服装を図示し、各国の位置と風俗を説明。

師儒門　上層に「幼学須知」では児童初学の心得、その後に「経験効応方」として簡単な服薬が載っているのは「孝」思想の現われか。下層には、経・史・子にわたる常識的な書名・人物名。文房備用として紙・硯・筆・墨の秀逸品と扱いかた。

官品門　上層は文武職の品第、品級ごとの月俸・禄

	米、文武官の服装など、下層は京師・地方の官職名と定員など。
律例門	犯罪についての具体的ケースと処罰、また訴訟の起しかた、訴訟の文章など庶民にとって関心の深い項目。
音楽門	簫笛(しょうてき)・弾琴の演奏法と楽器図。
五譜門	牙牌(がはい)、象棋、囲棋、樗蒲(ちょほ)、投壺などの遊びかた。
書法門	永字八法などの筆法、書体。
畫譜門	顔料の用法、梅竹山水などの画法。
蹴踘門(しゅうきく)	今のサッカーに似る遊戯。具体的な競技法を配置図も附して説明。
武備門	上層に拳法三十二勢図解、棍棒・鎗鈀(そうは)(やり)などの武具を用いた武術の図解、下層にはそれらの解説。
文翰門	上層には書翰文の書きかた、親族の敬称(例えば泰山、岳父、老大人など)、自称(例えば愚弟、頓首拝など)、下層にはその文例。
四礼門	冠婚葬祭の進行、その書式。葬服の範囲と服する年月数。
民用門	雑多な内容だが、土地家屋売買の契約文書、遺言、郷約体例、上梁文など。
子弟門	上段見出しに「洞房春意仙方」とあるように房中術が説明されているが、いかにして男子を生むかが重要な話柄となり、この術が

	「孝」の観念と密接であったことが分かる。
侑觴門（ゆうしょう）	酒宴での余興。
博戯門	織錦回文、璇璣回文（せんき）などの詩歌遊び。
商旅門	商人の旅行での心得、冒頭に「青楼軌範」つまり遊郭での振舞いを記載、下段では具体的な商品の売買方法。
算法門	算盤による加減乗除など、商人に必要な算術。
修真門	上層に導引（身体運動）とその歌訣・効能、下層に内丹（体内にエネルギーを煉成する修養法）。
金丹門	煉丹術とその歌訣。
養生門	酒・塩・醋などの飲み物、食べ物の摂取法と歌訣による説明。
医学門	治病、服薬および小児方。
護幼門	幼児の病気の特徴と簡便な治療方。
胎産門	妊娠・出産・産後について女性の身体状況と対処（服薬）。
星命門	人の生まれた年月日時（干支で示すから四柱になる）にもとづく星占い。
相法門	人相、手相。
卜筮門	五行易による占い。
数課門	赤口・大安などの六曜説による日の吉凶占い、覆射（ふせき）（あてもの）のような雑占。
夢珍門	夢占い。

営宅門	家屋建築の際の間取りの吉凶、魯班尺の解説。
地理門	宅地・墓地の風水。
尅擇門(こくたく)	諸事を行う場合の日撰び。
牧養門	獣医的事項、主に牛馬の畜産法と相術。
農桑門	養蚕、牛耕農具、開墾、播種など。
僧道門	僧侶・道士への応対作法。
玄教門	呪語(じゅご)・呪術。
法病門	祛病(きょびょう)とも記される。諸病を除くための呪符図とその書法。
閑中記	勧戒（これは門類ではない。また他の日用類書には立てられていない）。
笑謔門	種々の諧謔・笑話。
風月門	『五車抜錦』巻30『五車萬寶全書』巻10にある。青楼（遊郭）の女性へのラブレターの文例。

　以下には私の調査収集した、我が国内に伝存する明代日用類書20種ほどのなかで、汲古書院から影印本が出版されたもの、最も早い刊本と思われるもの、最後に、破損はひどいが目録に記載する場合にはよほど注意すべきこと、特に実物にあたることの重要なことを指摘したいものをとりあげた。そしてそれぞれの書名、門類名、刊行された書坊などを列記して今後の参考に供したい。[13] なお、書名は巻一巻首の標題にもとづいている。

○新鍥全補天下四民利用便観五車抜錦33巻10冊（東大東洋文化研究所仁井田文庫）

　万暦25年　建陽　鄭世魁（雲斎）　宝善堂刊。

　　門類は、天文・地輿・人紀・諸夷・官職・律令・文翰・啓劄・婚娶・喪祭・琴学・棋譜・書法・画譜・八譜・塋宅・剋択・医学・保嬰・卜筮・星命・相法・詩体・体式・算法・武備・養生・農桑・侑觴・風月・玄教・法病・修真の33門。

○新刻艾先生天禄閣彙編採精便覧萬寶全書37巻5冊（東大東洋文化研究所仁井田文庫）

　崇禎元年　建陽　陳以信（懐軒）　存仁堂刊。

　存仁堂は『福建古代刻書』328頁に、その主人は陳含初、生平不詳とあるのにかかわりがあるか。

　　門類は、天文・地紀・人紀・文翰・体式・爵禄・諸夷・律法・農桑・時令・四譜・酒令・射学（附武学・笑話・琴学）・草法・種子・算法・画学・勧諭・風月（附閨粧）・相法・状式・夢解・玄教（附戯術）・宅経・医学・養生・算命・数命・地理・通書・卜筮・法病・訓童・卜筶・対聯・歌曲・雑覧の37門。

○新刻天下四民便覧三台萬用正宗43巻8冊（名古屋蓬左文庫）

　万暦27年　余象斗（仰止、別名・文台）　双峯堂刊。

　仁井田文庫に同書名、同版本の43巻10冊本がある。

門類は、天文・地輿・時令・人紀・諸夷・師儒・官品・律法・音楽・五譜・書法・画譜・蹴踘・武備・文翰・四礼・民用・子弟・侑觴・博戲・商旅・算法・真修・金丹・養生・医学・護幼・胎産・星命・相法・卜筮・数課・夢珍・営宅・地理・尅擇・牧養・農桑・僧道・玄教・法病・閑中・笑譫の43門。

○新刻艾先生天祿閣彙編採精便覧萬寶全書35巻6冊（名古屋蓬左文庫）

　崇禎元年もしくはそれ以後の、王泰源　三槐堂刊。

　国立公文書館内閣文庫に同書名、同巻数、同冊数、同版本が、また関西大学図書館泊園文庫に同書名、同巻数、同版本の5冊本がある。三槐堂は『明代版刻叢録』巻1の『新刻名公神断明鏡公案』7巻（明万暦書林王崑源三槐堂刊）と関係あるか。

　門類は、天文・地理・時令・法律・対聯・文翰・冠婚・種子・外夷・状式・官品・字法・算法・談笑・八譜・画譜・関王筶（かんおうこう）・時令・勧諭・相法・人紀・農桑・夢書（ママ）・地理・医学・宅経・命理・秤命・卜筮・通書・医馬・詩謎・祛病・養生・茶論の35門。

○鼎鋟崇文閣彙纂士民萬用正宗不求人全編35巻12冊（京都陽明文庫）

　建陽　書林余文台刊。

　木記に万暦35年とあるが、引語末尾には万暦37年と記

277

されているので重刻本。東京都立日比谷図書館市村文庫に同書名35巻11冊本（ただし巻6〜16が欠巻）を所蔵。

門類は、天文・地輿・人紀・時令・体式・書啓・婚娶・喪祭・農桑・官爵・卜貝・律法・諸夷・算法・八譜・書法・画譜・種子・尅擇・武備・相法・上課・風月・笑談・星命・酒令・法病・養生・修真・戯術・塋宅・断易・医学・詩聯・雑覧の35門。

○新刻全補士民備覧便用文林彙錦萬書淵海37巻6冊（前田尊経閣文庫）

万暦38年　楊湧泉（号欽斎）　清白堂刊。

門類は、天文・地輿・人紀・官品・諸夷・律令・雲箋・啓箚・民用・冠婚・喪祭・八譜・琴学・棋譜・書法・画譜・状式・星命・相法・医学・易卦・保嬰・訓童・勧諭・農桑・衛生・笑談・酒令・算法・詩対・婦人・武備・夢課・法病・儛術・風月・雑覧の37門。

○新刻全補士民備覧便用文林彙錦萬書淵海40巻10冊　闕名撰

万暦38年（1610）閩建楊欽齊刊本　大谷大学図書館蔵本。

本書と同名の書が上記のように前田尊経閣文庫に所蔵されていて、すでに影印本が出版されているが、こちらは37巻6冊であり、大谷大学図書館蔵本は40巻10冊本である。『神田鬯盦（ちょうあん）博士寄贈図書善本書影』（大谷大学図書館、

昭和63年10月)には、封面、巻1第1葉表裏、巻12第4葉裏、第5葉表の写真が載せられている。

まず巻数の相異については、増加しているのは、巻22涓吉門(けんきつ)、巻23堪輿門(かんよ)、巻24相宅門である。

次に前田尊経閣文庫蔵本との相異について検討してみよう。前者を前田尊経閣文庫蔵本と略称し、後者を大谷大学図書館蔵本と略称しておこう。表紙については、前者には何も記載がないが、後者には右上に「雲」、左上に「萬書淵海一」(以下各冊に漢数字の記載がある)とある。封面は前者が中央に「萬寶全書」と大字で記され、右上に「徐企龍先生編集」、左下に「萩(芸)林積善堂梓」と記されている。これに対し、後者の封面は上部欄外に右から「四知館」と記され、枠内の上部には、書物の置かれた机に向かう人物2人とお茶を差し出す人物、手に何かを捧げ持って立っている人物が画かれた図があり、下部には、右側に「士民俻(備)覧」、左側に「萬書淵海」と記され、両行の間にやや小字で「閩建楊欽齋梓行」と記されている。

その後は目録であるが、後者は「新刻全補士民備覧便用文林彙錦萬書淵海目」となっていて、末尾の「録」の字が剝落している。目録第3葉は、後者は3門増えているために左端の行となっていて、「目録畢右書目録第擧其大略載之耳各門事類廣雖悉該」とあり、「目録畢」の3字が増えている。

目録の後の「天文門」第1葉は両者はかなり相異している。第1葉表の第1行標題は「新刻全補士民備覧便用文林

彙錦萬書淵海一巻」となっていることには相異がないが、次の上層は前者が「古今祥異」であるのに対して、後者は「天文祥異」であり、図や説明文はまったく相異している。下層についても両者はまったく相異していて、前者は初め2行に「雲錦　廣寒子　編次」「萩（芸）林　楊欽斎（齋）刊行」となっているが、後者は上部に右より横から「天文門」と記され、下には立っている2人と女性らしき人物とが話している図がある。第1葉裏もまた両者はまったく相異していて、前者は上層に天の様相の図とその解説があり、下層には「太極説」の文章が記されているのに対して、後者は下層の初め2行に「杭川　禎萬　余興國　校」「譚陽　欽齋　楊春光　梓」と記されていて、文の校訂者と出版者の名が見えている。これによれば、欽齋は雅号で春光が名であろうと推測できる。続いて「天運循環」と題して、天地生成の記述がある。この記述は前者の天文類には見えない。後者の上層には「天衝」「大鳴」などの現象の説明とそれに対応する図があるが、前者には見えない。このような両者の相異は他の門類でもあるかもしれないが、今は天文類の相異を指摘するにとどめておく。

　ともかく、37巻本と40巻本との相異は巻数の相異だけにとどまらず、刊行の経緯や内容にまで及んでいることが判明した。

○新刻搜羅五車合併萬寶全書34巻8冊（宮内庁書陵部）
　万暦42年序　豫章羊城・徐企龍（徐筆洞）編　建陽

樹徳堂刊。

　本書と同巻数、同冊数のものがつくば大学図書館、神宮文庫に所蔵されている。

　　門類は、天文・地輿・人紀・諸夷・時令・官品・四礼・柬札・民用・風月・書画・八譜・医林・夢員・相法・詞状・算法・戯術・舞備・塋葬・卜筮笑談・謎令(めい)・雑覧・馬経・翎毛(れいもう)・尅擇(こうふ)・筶譜(こうふ)・耕佈・星命・陽宅・祈嗣・種子・修真・筆法の34門。

○刻新板増補天下便用文林妙錦萬寶全書38巻10冊（京都・建仁寺両足院所蔵）

　万暦40年　建陽　劉双松　安正堂刊。

　東京大学図書館南葵文庫の同書名のものは同版、同巻数、同冊数であるが3刻である。

　　門類は、天文・地輿・人紀・諸夷・官品・律法・武備・八譜・琴学・棋譜・書法・画譜・文翰・啓箚・伉儷(れい)・喪祭・体式・詩対・涓吉・卜筮・星命・相法・塋宅・修真・養生・医学・全嬰・訓童・算法・農桑・勧諭・侑觴・笑談・風月・玄教・卜員・法病・雑覧の38門。

○新刻群書摘要士民便用一事不求人22巻4冊（雲錦・陳允中編輯、書林熊冲宇繡梓、京都大学附属図書館谷村文庫所蔵）

　『京都大学谷村文庫目録』（1963年刊）は、これの刊年を

万暦元年と記している。それは、本書巻末の蓮牌木記に「萬暦新春歳仲春月建書林種德堂□□□□」(□は剝落していて文字不明)とあるのに拠ったのであろう。「新春歳」を元年とする例を知らないが、この記述からは元年とすべきように思われる。ただし、「萬暦新春歳」を文字通り「万暦元年」と受け取るとするには、不安が残る。そこで本書の刊年を「萬暦年間」としておき、明代日用類書の中では最も早い刊本であろうと推測しておこう。表紙は近年補修されたもののようであり、封面はなくて、序文もなく、第1葉から目次であり、「新鐫群書摘要士民便用不求人目録」(目録の2字は双行)、続いて天文門より始まる22門も門名と上下2層の内容の摘録が記される。門名は次のとおりである。

天文、地輿、人紀、時令、官品、諸夷、四礼、翰札、民用、選擇、塋葬、八譜、医林、卦命、相法、算法、霊験、畫画、風月、笑談、酒禧(しゅき)、雑覧。

以上の22門がそれぞれ上下層になっている。版心に「一事不求人」の文字がある。なお、書名に「新刻」とあるから、おそらく同書は再刻されたのであろう。

熊冲宇種德堂の刊本は我が国では、東京大学東洋文化研究所仁井田文庫に『新刊翰苑廣記補訂四民捷用学海群玉』23巻4冊(万暦35年序刊)が所蔵されている。

熊冲宇種德堂については、前記『福建古代刻書』が、「熊氏刻書」の項を設けて検討している。熊氏種德堂は熊宗立から著名になり、彼自身医術に優れていたので、医書

の出版で知られている。永楽7年 (1409) に生まれ、成化17年に歿した。熊冲宇は五世の孫であり、名は成治、冲宇は号である。熊冲宇の最も早い刻本は、「熊氏種徳堂刻書一覧表（万暦－崇禎）」によれば、万暦元年刊の『周易』4巻その他5種ある。なお、前述のように本書が再版されたとすれば万暦以前の版本かと推測される。

○新刊翰苑廣記補訂四民捷用学海群玉 25 巻 4 冊（東大東洋文化研究所仁井田文庫）

万暦三十五年序　建陽　熊成治（号冲宇）　種徳堂刊。
　門類は、天文・地輿・人紀・時令・婚礼・喪祭・官品・律法・状式・諸夷・書啓・雲箋・八譜・琴学・書法・棊譜・画譜・武備・涓吉・農桑・夢書・卜筮・星命の 23 門。

○新刊翰苑廣記補訂四民捷用学海群玉 40 巻 10 冊（大谷大学図書館林山文庫）

本書は上記のように、東京大学東洋文化研究所仁井田文庫に 23 巻 4 冊本（不全本）が所蔵されている。

封面上部に 4 人の人物を描いた図がある。その上左には読書している人物。上右には荷物をかついでいるように見える人物。下左には鍬らしい農具をもち田に足を入れている人物。下右には魚釣りをしている人物。下部は、左右に「便用学海群玉」、中央に「種徳堂刊　潭陽熊冲宇梓」と記す。

283

次葉から後は「題學海群玉序」と題する序文があり、その末尾に「萬暦歳次強圉協洽玄月之吉　後学武緯子言」と記す。

　巻1巻首標題に「新刊翰苑廣記補訂四民捷用學海群玉」と記し、続けて下欄に「京南武緯子補訂　閩建　熊冲宇刊行」と記す。

　巻15より巻20を欠く。

　熊冲宇については、前述のとおり。

　門類は目録によれば、巻1天文・巻2地輿・巻3人紀・巻4時令・巻5婚礼・巻6喪祭・巻7官品・巻8律法・巻9状式・巻10諸夷・巻11書啓・巻12雲箋・巻13八譜・巻14琴学・巻15書法・巻16棊譜・巻17畫譜・巻18武備・巻19涓吉・巻20農桑・巻21夢書・巻22卜筮・巻23星命の23門となっている。

　しかし、実際には、巻21の巻首表題は「卜員」であり、版心にも「卜員門」と刻されているし、内容も「夢書」ではない。巻2地輿門の上段には朱による書き入れと傍線が施されている。

　さて林山文庫本については、仁井田文庫本との相異点を中心に紹介する。

　まず、林山文庫本には、封面がない。封面に相当する紙は、白紙であり、剝落していたのを補配したのであろう。

　第1冊第1葉に「題學海群玉序」があり、その末尾に「萬暦歳次強圉協洽玄月之吉／後學武緯子志」とあるのは、仁井田文庫本と同じ。「強圉協洽」は、丁未に相当するの

で、万暦丁未は万暦35年（1607）である。

第10冊巻40の巻末に刊記があり、「萬暦新歳春月／穀旦熊冲宇梓」の記載がある。

林山文庫本は40巻10冊と分量が多い。門名でいうと、巻24相法、巻25医学、巻26保嬰、巻27修真、巻28養生、巻29訓童、巻30勧諭、巻31筭法（さんぽう）、巻32詩対、巻33酒令、巻34笑談、巻35風月、巻36玄教、巻37塋宅、巻38法病、巻39牛経、巻40雑覧の17門が増加している。おおよそは傷みが少ないが、巻20から22までと巻33には虫食いがある（特に巻33には注意を要する）。巻32詩対門と巻33酒令門とが前後乱れている。巻24相法と巻35風月には朱点が入っている。また、牛の病気の治療法を解説した巻39牛経は珍しく、同様のものとしては、京都大学人文科学研究所所蔵『新刻人瑞堂訂補全書備攷』（崇禎14年序）の巻33に「馬牛門」が立てられているのを知るのみである。なお、林山文庫本は巻1天文門末葉と巻2地輿門冒頭第1、2葉とが前後乱れている。

最後に、各巻首の標題の表記であるが、巻1の巻首は前述のように「新刊翰苑廣記補訂四民捷用學海群玉」であるが、巻によって「新刊」が「新刻」「新鐫」に変わっていたり、「翰苑廣記」の間に「士林」の文字が入っていたりする。これらの相異は仁井田文庫23巻本、林山文庫40巻本に共通している。

林山文庫とは、石川県七尾市の西方寺住職・林山義猷氏の蔵書5730部が大谷大学図書館へ寄贈されたものであり、

『大谷大学図書館林山文庫目録』（1984年）が出ている。

　すでにくりかえし述べたように、日用類書の需要者層は士民一般である。民とはいうものの、識字層でなければならないが。ともあれ、明代後半期に日用類書が大量に出版されたことは、注目すべきことであるが、しかし、この事実は印刷文化の発達全体のなかで考えなければならないだろう。最近の研究によれば、明代後半期、特に嘉靖・万暦から崇禎にかけての百年間の出版量の増加が指摘されているが、建陽本についてみても同様の事実が指摘されている。[14]

　その内容という点になると、これもしばしば指摘されているように、挙業書、医薬書（救急治療的な医薬書がかなり出ていることは注目すべきである）、通俗小説・戯曲など、民間日常の実用書、堪輿卜算書が主要なものとされている。[15] この時期の出版文化の変化について、読書の「書」が「雅」なものだけでなくなり、「俗」なものも範囲に入ってきた、俗書に拡大されてきたことは、すでに指摘されていることであるが、[16] このような読書の通俗化を最も推進したのが、建陽の出版業であろう。それにしても、通俗書が繁栄し、大量に出版されるようになった、裏返していうと、大量に需要されるようになった。このような現象には、それなりの社会経済的な背景があるだろう。明代の庶民の生活が豊かになったことも考えられる。一方、書籍そのものの価格が廉価になったことも考えられる。これを印

刷工賃についてみると、葉徳輝『書林清話』巻7「明時刻書工価之廉」を始め最近の研究もあり、これらによると、宋代で毎100字にして銅銭200文だった工賃が、明の嘉靖33年には18文にまで下がり、万暦年間でも26文から35文だったという（もっともこれは額面だけの単純な比較であることはいうまでもない）。[17] 一方、書籍の価格については、南宋・紹興17年黄州刊『小蓄集』が448葉で5貫文省（3850文）、100葉当り859文であり、万暦39年刊『新編事文類聚翰墨大全』が2800余葉で1両、100葉あたり26文余になるという。時代の相違による物価の昇降、書物の性質、使用された紙、墨、版木のちがいなどをまったく無視した比較であるから、一応の参考にしかすぎないが、書物の価格は20分の1程度に下落している。[18]

なお、ちなみに宮内庁書陵部所蔵の万暦42年序刊『新刻捜羅五車合併萬寶全書』には封面に「毎部定価銀壱両正」と記され、また、東洋文化研究所仁井田文庫所蔵の崇禎元年刊『新刻艾先生天祿閣彙編採精便覧萬寶全書』の封面には「毎部価銀一銭」との木牌印がある。酒井忠夫博士はこの両者のちがいについて、「崇禎本はダンピングしたため、割合安価となっているのではあるまいか」と推測されている。[19] 書陵部『萬寶全書』は8冊で約450葉、仁井田文庫『萬寶全書』は5冊で約382葉、100葉あたりにすると、前者は155文で、ほぼ同時期の『翰墨大全』に比べるとかなり高価なようであるが、それでも宋代に比べると5分の1に下落している。後者は18文になり、逆に廉価

すぎるように思われる。書価には、その時期の物価の高下、地域差などによりかなりのばらつきがあることを考慮しなければなるまい。なお、明代の銀銭比価を銀1両750銭と計算している。いずれにせよ明末の書籍は宋元時代に比べると相当な廉価ぶりである。このような出版費用の低廉化をもたらした理由の一つに印刷工程の分業化ということもすでに指摘されていて、それによると元から明代中葉になると出版業者はある人数の刻工を雇って同一の刻工に数葉、十数葉ないしは1巻を分担して彫らせるという彫刻作業の分業化が行われるようになったという。[20] また、明代の正徳から嘉靖にかけて、版彫刻の分業化、すなわち「縦画を彫るものと横画ばかりを彫るものとを別人が行って、専門的に分業化する」ことによって雕版の迅速化が生じ、そこに没個性的ないわゆる「明朝体」が成立したといわれる。[21] こういう事情について私は、いわば出版方面における技術革命が起こったと考えている。福建省建陽における日用類書の大量で廉価な出版も、以上のような明代後半期の出版事情と無縁ではあるまい。

ところで、建陽本については古来、粗悪廉価本の代表のように言われて評判がはなはだ悪い。その理由の一つに、版木に榕樹という柔らかい木を用いているからだという定説がある。その説は清代の施鴻保『閩雑記』の「麻沙鎮、地に榕樹を産する、質性は鬆軟で、雕板し易い」という記載が最も端的なのだが、[22] これには伏流がある。建陽は宋代から印刷が盛んであったが、その当時から評判がよくな

かった。葉夢得（しょうむとく）『石林燕語』巻8に「今天下の印書は……蜀と福建とは、多く柔木を以てこれを刻す。其の成し易くして速く售（か）れるのを取る、故に工みではない」とあるが、この記事は元の馬端臨『文献通考』巻174経籍1にそのまま引用されているから、建陽本すなわち柔木という定説ができあがったのであろう。この説を増幅させたのが施鴻保ではなかろうか。この柔木＝榕樹＝建陽本という説は、我が国でも広く信じられているようである。ところが、前掲の謝・李『福建古代刻書』は懸命にこの説に反証を加えている。要するに榕樹の植生は福建でも北は福州止まりであり、それより北の麻沙には榕樹は生えないし、実際に自分たちが3回にわたって麻沙の周囲を調査したが榕樹は発見できなかったと論じている。

　また、同書373頁に以下の記述がある。

　「康熙以後、建陽の刻本は流伝が極めて少なく、坊刻本はさらに稀になった。雍正7年（1729）、建陽の考亭書院では朱松『韋斎集』12巻、朱槔（しゅこう）『玉瀾集』1巻を刻した。雍正11年（1733）、蔡氏の族人が『蔡氏九儒書』を刻し、その刻版は麻沙の九峰書院に蔵せられた。咸豊8年（1858）、九峰書院は兵火で焼けた。光緒13年（1887）、蔡仁昌は首唱して同族の人々を集めて、工人を後山の祠内に鳩（あつ）め、新本を翻刻し、心を悉（つ）くして校対し、訛れる者は之を正し、闕（あ）けたる者は之に仍った、という（『蔡氏九儒書』巻首「重刊九儒書記」光緒13年刻本）。版刻が成った後、廬（ろ）峰書院に蔵した。20世紀50年代、建陽県の文物調査を行

289

った時、麻沙の一農家でその書の書版の一部が発見されたが、338塊あり、すべて紅梨木で彫られていた。現在、建陽市博物館に蔵されている」

また、同書434頁には、林樹海（道光ごろの金門出身の武官）『説剣軒余事』（未刊稿、福建省図書館に一部が蔵されている）の「刻書」の項が引用されている。

「刻書須用全塊乾浄正紅梨木版、蓋紅梨紋理縝密、耐久不壊、白梨則鬆脆、易於蠹朽也」（刻書には全部がきれいで正紅の梨の木の版木を用いるべきである。それは紅梨は紋理が細やかで、長もちし壊れないからである。白梨はもろくて、虫に食われたり朽ちやすい）

路工「訪宋元明刻書中心地之一——建陽」[23]にも刻書用の梨木は莒口に産すると述べられているし、蘆田孝昭氏の見聞記にも、莒口から版木にする梨木の板を背負って帰るという記述があるが、実際に梨の木を見られたのでは、と思う。[24] また、謝・李両氏が引用しているように『閩産録異』巻3にも、「棶木は山樆梨の山中に生える者で、以て器を制ることができ、亦た書を刻することができる」[25]とある。謝氏、李氏の調査によると、麻沙周辺の山々には梨の木が生えていて、莒口産が特に有名だという。一般に中国の版材には梨、棗、梓、樟、黄楊（ヒメツゲ）、銀杏、皁筴（サイカチ）が用いられ、北方の刻版には多く梨、棗などの木が、南方の刻版には多く黄楊、梓などが用いられるが、そのうち、梨と梓は硬度のやや低い木材だとされている。[26] かくして建陽本に用いられた版材は梨の木であろ

うとほぼ推定してよい。建陽本の紙質の悪さにも定評があるが、竹が原料である。また、墨は建陽附近の興中里と崇泰里の2カ所に窯があったというが、安徽・歙県の墨には及ばないとされる。

　最後に建陽出版の書籍がどのような運搬手段で他の地に運ばれたのかについては、まず陸路には数本あるが、最も重要なのは分水関路であり、すなわち崇安の分水関を経て江西を通り浙江に転じて蘇州、杭州に向かう道路で、宋代以来賑わっていたという。水路は武夷山に源を発する建渓は筏を浮かべての運送が可能であり、書籍も筏に積まれて運ばれたという。建渓は閩江に注ぎ、福州の港に至る。ここから海運で浙江など北方に、あるいは海外に運ばれたことであろう。

むすびに代えて──日用類書の利用価値

　万暦27年刊の『新刻天下四民便覧三台萬用正宗』の余文台（象斗）の序文に、

> 百家衆技の煩雑なることは、簡編でなければ伝載しきれない。しかるに書籍は大量にして広範なので、とても遍く見ることはできない。そこで余暇を利用して各種の技術を広く集め、部門ごとに分類し、要妙を収めた。世間のことがら、日用の需要はことごとく網羅した。誠に簡略ながら精粋を具備し、手本として伝える

ことができよう。

と述べられているが、ここに日用類書の特長がほぼ示されている。すなわち、第一には日用の需要を満たしていること、第二には分類されていて要点を載せていること、第三には広範囲にわたる書籍の知識のなかの精粋を備えていること、つまりなんらかの典拠があること、である。

　そこでかつて仁井田博士は日用類書のなかの契約文書の書例に注目された。酒井博士は日用類書の中の幼童教育に関する部門、例えば師儒門、訓童門などを利用されて、明代の児童教育を考察された。小川陽一氏は相法門などを利用して『金瓶梅』などの小説でそれがどのように利用されているかを明らかにされた。

　本田精一氏は「『三台萬用正宗』算法門と商業算術」(『九州大学東洋史論集』23、1995年) で、算法門を利用して明代の商業算術を考察された。私もまた医学門を中心に考察を行い、医学門が引用記事から6種の系統に分けられること、また医療記事に救急治療的な内容が多いこと、しかしそのほとんどが今日では失伝した口訣的な文献であろうと推測した。[27]

　日用類書の門類は、前に引用しておいたのを見れば分かるように、最も多いもので43門、少ないものでも23門あり、その内容は現代の用語でいうと、農業牧畜、法律、音楽、初等数学、絵画、書道、風水、家礼、書簡文、医薬、占卜、人相占い、夢占いなど、実に多種多様であり、これ

らに十分な考察を加えるならば、宋代から明代にかけての庶民の日常生活の一端がかいまみられるのではなかろうか、そのような期待を抱かせるに足る貴重な資料であると考える。

この『萬寶全書』は清代に入っても依然として出版されているし、台湾や香港のような旧中国の習慣を残したところでは『萬寶全書』『不求人』の名称で刊行されているが、まったくステレオタイプ化してしまっている。例えば門類の立てかたは明代の分類をほぼ踏襲していて、ほとんど変わっていない。

注
(1) 仁井田陞「元明時代の村の規約と小作証書など」(『東洋文化研究所紀要』第 8 冊、1956 年。後、『中国法制史研究　奴隷農奴・家族村落法』東京大学出版会、1962 年　所収)、酒井忠夫「明代の日用類書と庶民教育」(林友春編『近世中国教育史研究』国土社、1958 年)、酒井忠夫「元明時代の日用類書とその教育史的意義」(『日本の教育史学』第 1 号、1958 年)。

(2) 小川陽一「明清小説研究と日用類書」(『東北大学教養部紀要』第 54 号、1990 年。後、『日用類書による明清小説の研究』研文出版、1995 年　所収)。

(3) 参考にした類書の研究書は、張滌華『類書流別』(上海・商務印書館、1958 年、による采華書林影印本)、劉葉秋『類書簡説』(上海古籍出版社、1980 年)、戴克瑜・唐建華編『類書的沿革』(四川省図書館学会編印、1981 年)、胡道静

『中国古代的類書』(北京・中華書局、1982年) である。
(4) 胡道静「元至順刊本《事林広記》解題」(『事林廣記・元至順刊本』北京・中華書局、1963年)。また、胡道静『農書・農史論集』(北京・農業出版社、1985年) にも収められている。なお、この『事林廣記』は復印版が京都・中文出版社から1988年に出ている。
(5) 石声漢「試論便民図纂中的農業技術知識」(中国農書叢刊綜合之部『便民図纂』北京・農業出版社、1982年第3版)。
(6) 台湾・文海出版社、1972年。後、活字本になって改訂・改題された『中国善本書録』(上海古籍出版社、1983年) をも参照。
(7) この書は内閣文庫に所蔵されているが、1969年に台湾・新興書局から4冊の影印本が出ている。ただし、底本は内閣文庫所蔵本とは異なっているようだ。
(8) 森田憲司「『事林廣記』の諸版本について」(宋代史研究会編『宋代の知識人──思想・制度・地域社会』汲古書院、1993年)。
(9) 京都・中文出版社から北京・中華書局本の復印版が1988年に出ている。これには胡道静の名は削られているが、その前言が附されている。
(10) 前注 (1) 酒井忠夫「明代の日用類書と庶民教育」参照。
(11) 『居家必用事類全集』の和刻本は、『家政学文献集成続編・江戸期Ⅶ』(渡辺書店、1969年) に橋川時雄の解説を附して影印本が出ている。さらに1979年、京都・中文出版社から復印版が出ている。
(12) 前注 (5) 参照。
(13) 以下には拙著『本邦公蔵明代日用類書目録稿』(平成10年、

自印)にもとづき、その後の調査の成果をも補った。また、建陽の刻書、書坊については、主に謝水順・李珽『福建古代刻書』(福建人民出版社、1997年)を参考にしたほか、杜信孚『明代版刻叢録』(江蘇広陵刻印社、1983年)、韓錫鐸・王清原『小説書房録』(瀋陽・春風文芸出版社、1987年)、肖東発「建陽余氏刻書考略(上・中・下)」(『文献』21、22輯、1984年、『文献』1985年第1期)、肖東発「明代小説家、刻書家余象斗」(『明清小説論叢』第4輯、瀋陽・春風文芸出版社、1986年)、方彦寿「建陽劉氏刻書考上・下」(『文献』1998年第2期、第3期)、方彦寿「明代刻書家熊宗立述考」(『文献』1987年第1期)、「閩北劉氏等十四位刻書家生平考略」(『文献』1993年第1期)、「閩北詹余熊蔡黄五姓十三位刻書家生平考略」(『文献』1991年第1期)、方彦寿「閩北十八位刻書家生平考略」(『文献』1994年第1期、第2期)、張秀民「明代印書最多的建寧書坊」(『文物』1979年第6期)を参照。特に余象斗については丸山浩明「余象斗考略」(『二松学舎大学人文論叢』第30輯、1993年)を参照。

(14) 大木康「明末江南における出版文化の研究」(『広島大学文学部紀要』第50巻特輯号1、1991年。その後、同氏著『明末江南の出版文化』研文出版、2004年　所収)、前掲『福建古代刻書』334頁。

(15) 前掲『福建古代刻書』335～338頁。また、魏隠儒『中国古籍印刷史』(北京・印刷工業出版社、1984年)109頁。

(16) 井上進「蔵書と読書」(『東方学報・京都』第62冊、1990年)、井上進「書肆・書賈・文人」(荒井健編『中華文人の生活』平凡社、1994年)、井上進「出版文化と学術」(『明

清時代史の基本問題』汲古書院、1997年)、以上いずれも、その後、同氏著『中国出版文化史』名古屋大学出版会、2002年　所収。

(17) 楊縄信「従磧砂蔵刊印看宋元印刷工人的幾個問題」(『中華文史論叢』第29輯、1984年)、同「歴代刻工工価初探」(『陝西図書館』1986年。上海新四軍歴史研究会印刷印鈔分会編『歴代刻書概況』印刷工業出版社、1991年の再録による)。また、井上進「書肆・書賈・文人」(『中国出版文化史』「第15章　書価の周辺」)。

(18) 葉徳輝『書林清話』巻5、明代私刻坊刻書の「万暦辛亥(39年)。刻新編事文類聚幹墨大全一百二十巻。見繆続記。云書前牌子末云。(中略) 毎部価銀壱両整。安正堂梓」という記述。また、井上氏『中国出版文化史』参照。

(19) 前注 (1) 酒井「明代の日用類書と庶民教育」。

(20) 長澤規矩也「刻工と出版者との関係」(『長澤規矩也著作集』第3巻『宋元版の研究』汲古書院、1983年)。

(21) 竹村真一『明朝体の歴史』(思文閣出版、1986年)「第3章 明朝体の源流」。中国では古くは「宋体」「宋板字」「宋字様」「匠体」などと称されていたが、このごろでは「倣宋体」と称されることが多い。しかし、張秀民は『中国印刷史』(上海人民出版社、1989年) 509頁で、「明体字」あるいは「明朝字」と改めるべきだと主張している。

(22) 前掲『福建古代刻書』120頁に引く『閩小記・閩雑記』(福建人民出版社、1985年) に拠る。しかし、この書の『閩雑記』を精査したが、引用の「麻沙鎮、地産榕樹、質性鬆軟、易于雕板」の記事は見出せなかった。なお、『閩雑記』は民

国 57 年 (1968)、台中・閩粤書局より、閩粤文献叢刊第 1 号として、朱塘伯編 12 巻 4 冊本が鉛印本で刊行されている (東洋文庫所蔵)。しかし、『福建古代刻書』所引の記事は、これにも見あたらない。この閩粤書局刊本の前言によると、『閩雑記』の原書は 26 巻あり、咸豊 8 年に成ったが、刊行されず、後に朱塘伯がその 10 分の 3、4 を 12 巻に彙編して印行したという。なお、『小方壺斎輿地叢書』第 9 帙所収のものは、節略本である。また、『台湾公蔵善本書目録人名索引』(国立中央図書館編印、民国 61 年) の清・施鴻保の項に、「閩雑記十四巻補遺二巻清咸同間著者手稿本、中図 323」と記載されている。

(23) 路工『訪書見聞録』(上海古籍出版社、1985 年)。ただし、路工が建陽に行ったのは 1962 年のことである。

(24) 蘆田孝昭「嶺外雑記——麻沙鎮」(『中国文学研究』第 11 期、1985 年)。

(25) 郭柏蒼『閩産録異』巻 3「木属」。光緒 12 年刊本のほか、1986 年岳麓書社刊もある。

(26) 羅樹宝編『中国古代印刷史』(北京・印刷工業出版社、1993 年)。

(27) 日用類書を利用した研究は、前注 (1)(2) に掲示した仁井田陞、酒井忠夫、小川陽一の諸氏の著書論文の他に、本田精一「『三台萬用正宗』算法門と商業算術」(『九州大学東洋史論集』23、1997 年)、坂出祥伸「明代「日用類書」医学門について」(『関西大学文学論集』第 47 巻第 3 号、1997 年。後、坂出『中国思想研究医薬養生・科学思想篇』関西大学出版部、1999 年所収)。

中国、台湾では、呉蕙芳『萬寶全書：明清時期的民間生

活實録』(2001 年、国立政治大学歴史学系)、王爾敏『明清時代庶民文化生活』(岳麓書社、2002 年)、劉天振『明代通俗類書研究』(斉魯書社、2006 年) があり、その他に、主として商業書を研究した陳学文『明清時期商業書及商人之研究』(台湾・洪葉文化事業有限公司、1997 年) も日用類書を利用している。

初出一覧（あとがきに代えて）

I 古典を読むために知っておきたいこと
一．古典文献の体裁について——体裁により分類され、それぞれに呼称がある
　原題「文献の体裁による中国古典籍の分類と呼称——附・版本の起源」『関西大学中国文学会紀要』第24号、2003年3月
二．これだけは知っておきたい版本の知識　書き下ろし
三．古典のなかには偽書もある
　原題「中国古典籍の偽書について」『図書館フォーラム』第9号、関西大学図書館、2004年6月
四．文中で皇帝の諱などを避け文字を改める習慣がある
　原題「避諱改字について」『中国文化研究』（個人誌）第5号、2005年6月
五．文中に反切などの発音表記がある　書き下ろし

II 古典の分類はどのように展開したか——目録学の初歩
　原題「中国古典籍文献学入門（1）——宋代まで」『関西大学文学論集』第52巻第2号、2002年11月
　原題「中国古典籍文献学入門（2）——元明時代より現代中国まで」『関西大学文学論集』第52巻第3号、2003年2月

Ⅲ 中国古典をより深く理解するために——工具書・入門書を利用しよう
原題「中国古典、特に思想を学ぶための工具書・入門書（試稿本）」『種智院大学研究紀要』第7号、2006年3月

附編　日用類書について
　　「解説——明代日用類書について」『中国日用類書集成』第1巻、汲古書院、1999年6月

　本書は平成8年（1996）度から平成15年（2003）度までの間、勤務先の大学院（中国語中国文学専攻）における「中国文献学」の講義にもとづいている。受講者は、中国文学、中国語学、中国哲学、東洋史の院生のほか、図書館職員である。その講義内容の主要なものは上記の一覧にあるように、大学の研究紀要などに掲載したが、その他に、必要に応じて、国内の漢籍図書収蔵機関、中国の大規模な図書収蔵機関の解説、さらに墨（印刷インクを含む）、紙、筆についての解説をも行った。しかし、これらはすべて省略した。講義のテキストとしては、洪湛侯『中国文献学新編』（杭州大学出版社、1994年）を用いた。
　出版にあたっては集広舎代表の川端幸夫氏にお世話になった。編集校正は朝浩之氏のお世話になった。

文庫版あとがき

　本書は2008年10月、福岡・集広舎から初版1000部が刊行されて10年、今では古書でさえ見当たらないらしい。著者の私にも、これほど購読されるとは思いも及ばなかった。臆測するに、中国関係の大学教員や関係の図書館員が手元に置いて利用されているのかも。刊行時にはほとんど宣伝らしいものもなく、書評とて、わずかに『東方』（東方書店）338号（2009年4月）で橋本昭典氏により紹介、『新しい漢文教育』（全国漢文教育学会）第48号（2009年5月）で岸田知子氏により紹介されたに過ぎない。

　なお初版の内容について、擡頭、空格などの尺牘（せきとく）（書簡）用語の解説を希望される向きもあったが、この方面は今日ではよほどの専門家でなければ必要とされないだろうと考えて省いた。

　ところで、初版には誤植、脱字、錯字など校正漏れが多くて、利用者の方々にはお詫びしなければと思い、いずれ訂正版を出さなければと長い間思っていたが、幸いにも、この度、筑摩書房編集局のお方の目にとまって文庫版として再版してくださることになった。この機会にできるだけ校正につとめたし、また、主として書名・人名などのむつかしい漢字には読み仮名（ルビ）を付して、より多くの方々に読みやすいように心がけた。ただし、読み方が二通りある場合には、坂出が用いなれている読みに従った。ご

了承いただきたい。
　関西大学非常勤研究員の熊野弘子さんと同じく非常勤研究員の高橋（旧姓・前原）あやのさんには種々のご協力をいただいた。ここにお礼を申し上げる。

本書は二〇〇八年十月十日、福岡・集広舎より『中国古典を読む　はじめの一歩』として刊行された。文庫化にあたり、タイトルを改めた。

空海コレクション3
秘密曼荼羅十住心論（上）
福田亮成校訂・訳

日本仏教史上最も雄大な思想書。無明の世界から抜け出すための光明の道を、心の十の発展段階（十住心）として展開する。上巻は第五住心までを収録。

空海コレクション4
秘密曼荼羅十住心論（下）
福田亮成校訂・訳

下巻は、大乗仏教から密教へ。第六住心の唯識、第七中観、第八天台、第九華厳を経て、第十の法身大日如来の真実をさとる真言密教の奥義までを収録。

鎌倉仏教
佐藤弘夫

宗教とは信念をいかに生きるかということだ。法然・親鸞・道元・日蓮の足跡をたどり鎌倉仏教を「生きた宗教」として鮮やかに捉える。

観無量寿経
石田充之解説
佐藤春夫訳注

我が子に命狙われた「王舎城の悲劇」で有名な浄土仏教の根本経典。思い通りに生きることのできない我々を救う究極の教えを、名訳で読む。（阿満利麿）

大乗とは何か
三枝充悳

仏教が世界宗教としての地位を得たのは大乗仏教においてである。重要経典・般若経の成立など諸考察を収めた本書は、仏教への格好の入門書となろう。

道教とはなにか
坂出祥伸

「道教がわかれば、中国がわかる」と魯迅は言った。伝統宗教として現代でも民衆に根強く崇拝されている道教の全貌とその究極の真理を詳らかにする。

増補 日蓮入門
末木文美士

多面的な思想家、日蓮。権力に挑む宗教家、内省的な理論家、大らかな夢想家など、人柄に触れつつ遺文を読解し、思想世界を探る。

反・仏教学
末木文美士

人間は本来的に、公共の秩序に収まらないものを抱えた存在だ。〈人間〉の領域＝倫理を超えた他者／死者との関わりを、仏教の視座から問う。

禅に生きる
鈴木大拙コレクション
鈴木大拙
守屋友江編訳

静的なイメージで語られることの多い大拙。しかし彼の仏教は、この世をよりよく生きていく力を与えるアクティブなものだった。その全貌に迫る著作選。（花野充道）

世界宗教史 8
ミルチア・エリアーデ
奥山倫明／木塚隆志
深澤英隆訳

西・中央アフリカの宗教、日本の神道と民俗宗教、啓蒙期以降ヨーロッパの宗教的創造性と世俗化などを収録。全8巻完結。

シャーマニズム（上）
ミルチア・エリアーデ
堀一郎訳

二〇世紀前半までの民族誌的資料に依拠し、宗教史学の立場から構築されたシャーマニズム研究の金字塔。エリアーデの代表的著作のひとつ。

シャーマニズム（下）
ミルチア・エリアーデ
堀一郎訳

宇宙論的、象徴論的概念を提示した解釈は、霊魂の離脱（エクスタシー）という神話的な人間理解として現在も我々の想像力を刺激する。（奥山倫明）

回教概論
大川周明

最高水準の知性を持つと言われたアジア主義者の力作。イスラム教の成立経緯や、経典などの要旨が的確に記された第一級の概論。（中村廣治郎）

旧約聖書の誕生
加藤隆

旧約聖書は多様な見解を持つ文書を寄せ集めて作られた書物である。各文書が成立した歴史的事情から旧約を読み解く。現代日本人のための入門書。

原典訳 チベットの死者の書
川崎信定訳

死の瞬間から次の生までの間に魂が辿る四十九日の旅──中有（バルドゥ）のありさまを克明に描き、死者に正しい解脱の方向を示す指南の書。

神道
トーマス・カスーリス
衣笠正晃訳
守屋友江監訳

日本人の精神構造に大きな影響を与え、国の運命をも変えてしまった「カミ」の複雑な歴史を、米比較宗教学界の権威が鮮やかに描き出す。

空海コレクション1
宮坂宥勝監修
空海

主著『十住心論』の精髄を略述した『秘蔵宝鑰』、及び顕密を比較対照して密教の特色を明らかにした『弁顕密二教論』の二篇を収録。

空海コレクション2
宮坂宥勝監修
空海

真言密教の根本思想『即身成仏義』『声字実相義』『吽字義』及び密教独自の解釈による『般若心経秘鍵』と『請来目録』を収録。（立川武蔵）

原典訳 ウパニシャッド　　ミルチア・エリアーデ　　岩本裕編訳

インド思想の根幹であり後の思想の源ともなったウパニシャッド。本書では主要篇を収め、梵我一如、輪廻・業・解脱の思想を浮き彫りにする。

世界宗教史（全8巻）　　ミルチア・エリアーデ

宗教現象の史的展開を膨大な資料を博捜し著された人類の壮大な精神史。エリアーデの遺志にそって共同執筆された諸地域の宗教の巻を含む。

世界宗教史1　ミルチア・エリアーデ　中村恭子訳

人類の原初の宗教的営みに始まり、メソポタミア、古代エジプト、インダス川流域、ヒッタイト、地中海地域、初期イスラエルの諸宗教を収める。（荒木美智雄）

世界宗教史2　ミルチア・エリアーデ　松村一男訳

20世紀最大の宗教学者のライフワーク。本巻はヴェーダの宗教、ゼウスとオリュンポスの神々、ディオニュソス信仰等を収める。（立川武蔵）

世界宗教史3　ミルチア・エリアーデ　島田裕巳訳

仰韶、竜山文化から孔子、老子までの古代中国の宗教と、バラモン、ヒンドゥー、仏陀とその時代、オルフェウスの神話、ヘレニズム文化などを考察。

世界宗教史4　ミルチア・エリアーデ　柴田史子訳

ナーガールジュナまでの仏教の歴史とジャイナ教から、ヒンドゥー教の総合、ユダヤ教の試練、キリスト教の誕生などを収録。

世界宗教史5　ミルチア・エリアーデ　鶴岡賀雄訳

古代ユーラシア大陸の宗教、八―九世紀までのキリスト教、ムハンマドとイスラームと神秘主義、ハシディズムまでのユダヤ教など。

世界宗教史6　ミルチア・エリアーデ　鶴岡賀雄訳

中世後期から宗教改革前夜にかけてのヨーロッパの宗教運動、宗教改革前後における宗教、魔術、ヘルメス主義の伝統、チベットの諸宗教を収録。（島田裕巳）

世界宗教史7　ミルチア・エリアーデ　奥山倫明／木塚隆志／深澤英隆訳

エリアーデ没後、同僚や弟子たちによって完成された最終巻の前半部。メソアメリカ、インドネシア、オセアニア、オーストラリアなどの宗教。

親鸞・普遍への道	阿満利麿	絶対他力の思想はなぜ、どのように誕生したのか。日本の精神風土と切り結びつつ普遍的救済への回路を開いた親鸞の思想の本質に迫る。（西谷修）
歎異抄 阿満利麿訳/注/解説	阿満利麿	没後七五〇年を経てなお私たちの心を捉えて離さない親鸞の言葉今、どう読らよいか、わかりやすい注と現代語訳、今どう読んだらよいかの道筋を示す親切な解説付きの決定版。
親鸞からの手紙	阿満利麿	現存する親鸞の手紙全42通を年月順に編纂し、現代語訳と解説で構成。これにより、親鸞の人間的苦悩と宗教的深化が、鮮明に現代に立ち現れる。
行動する仏教	阿満利麿	戦争、貧富の差、放射能の恐怖……このどうしようもない世の中でも、絶望せずに生きてゆける、21世紀にふさわしい新たな仏教の提案。
無量寿経	阿満利麿注解	なぜ阿弥陀仏の名を称えるだけで救われるのか。法然も親鸞がその理解に心血を注いだ経典の本質を、懇切丁寧に説き明かす。文庫オリジナル。
道元禅師の『典座教訓』を読む	秋月龍珉	「食」における禅の心とはなにか。道元が禅寺の食事係である典座の心構えを説いた一書を現代人の日常の視点で読み解き、禅の核心に迫る。（竹村牧男）
原典訳 アヴェスター	伊藤義教訳	ゾロアスター教の聖典『アヴェスター』から最重要部分を精選。原典から訳出した唯一の邦訳である。比較思想に欠かせない必携書。（前田耕作）
カトリックの信仰	岩下壮一	神の知恵への人間の参与とは何か。近代日本カトリシズムの指導者・岩下壮一が公教要理を詳説し、キリスト教の精髄を明かした名著。（稲垣良典）
十牛図	上田閑照 柳田聖山	禅の古典「十牛図」を手引きに、自己と他、自然と人間、自身への関わりを通し、真の自己への道を探る。現代語訳と詳注を併録。（西村惠信）

ちくま学芸文庫

初学者のための中国古典文献入門

二〇一八年五月十日　第一刷発行

著　者　坂出祥伸（さかで・よしのぶ）
発行者　山野浩一
発行所　株式会社　筑摩書房
　　　　東京都台東区蔵前二│五│三　〒一一一│八七五五
　　　　振替〇〇一六〇│八│四一三三
装幀者　安野光雅
印刷所　大日本法令印刷株式会社
製本所　加藤製本株式会社

乱丁・落丁本の場合は、左記宛に御送付下さい。
送料小社負担でお取り替えいたします。
ご注文・お問い合わせも左記へお願いします。
筑摩書房サービスセンター
埼玉県さいたま市北区櫛引町二│六〇四　〒三三一│八五〇七
電話番号　〇四八│六五一│〇〇五三

© YOSHINOBU SAKADE 2018 Printed in Japan
ISBN978-4-480-09869-6 C0100